EL
ARTE
DE LA
PRUDENCIA

Título original en español: *Óraculo manual y arte de prudencia*
© 2023. Introducción, edición y notas, Guillermo Suazo Pascual
© 2023. De esta edición, Editorial EDAF, S. L. U.
Todos los derechos reservados

Diseño de colección: Manuel García Pallarés

Editorial EDAF, S. L. U.
Jorge Juan, 68. 28009 Madrid
Tfno: (34) 914358260. http://www.edaf.net
edaf@edaf.net

Ediciones Algaba, S.A. de C.V.
Calle 21, Poniente 3323. Entre la 33 sur y la 35 sur
Puebla, 72180, México. Tfno.: 52 22 22 11 13 87
jaime.breton@edaf.com.mx

Edaf del Plata, S. A.
Chile, 2222
1227 Buenos Aires, Argentina
edaf4@speedy.com.ar

Edaf Chile, S.A.
Huérfanos 1178 - Oficina 501
Santiago - Chile
Telf: +56 9 4468 05 39/+56 9 4468 0597
comercialedafchile@edafchile.cl

Septiembre de 2023
ISBN: 978-84-414-4222-1
Depósito legal: M-22826-2023

Impreso en España / Printed in Spain
Gráficas Cofás. Pol. Ind. Prado Regordoño. Móstoles (Madrid)

EL
ARTE
DE LA
PRUDENCIA

Baltasar Gracián

Introducción, edición y notas de Guillermo Suazo Pascual

edaf

MADRID — MÉXICO — BUENOS AIRES — SANTIAGO

2023

Índice

Sobre Baltasar Gracián y su obra

El 8 de enero de 1601, tal como consta en su partida de bautismo, nace Baltasar Gracián Morales en Belmonte, hoy Belmonte de Gracián (Zaragoza), pueblo muy cercano a Calatayud. Sus padres fueron el médico Francisco Gracián y Ángela Morales, su segunda mujer. En 1602 la familia se estableció en Ateca, población cercana también a Calatayud, donde permaneció hasta 1620.

De la infancia y adolescencia de Baltasar Gracián apenas hay noticias. Sin precisión de fechas, parece ser que muy joven se traslada a Toledo, donde vive con su tío el sacerdote Antonio Gracián; pero no se sabe cuánto tiempo estuvo en Toledo ni cuáles fueron sus estudios en dicha ciudad. En *El criticón* y en *Agudeza y arte de ingenio* evoca recuerdos de su paso por Toledo.

Entre sus hermanos merece destacarse la figura de Lorenzo, nacido en 1614, porque Baltasar Gracián publicó con su nombre casi todas sus obras; excepto *El comulgatorio*, única que apareció con su nombre auténtico, y la primera parte de *El criticón*, en la que empleó el anagrama García de Morlanes.

Este hecho ha creado a veces confusiones acerca de la identidad de ambos hermanos, así como sobre la autoría de las obras firmadas por Lorenzo Gracián, e incluso durante mucho tiempo se llegó a dudar de la existencia de Lorenzo, pero lo cierto es que no solo existió y vivió en Calatayud, sino que Baltasar Gracián fue padrino de bautismo y testigo de la boda de su hermano Lorenzo, que se casó en 1636 con Isabel Francisca Salaverte.

El 30 de mayo de 1619 ingresa en el noviciado de la Compañía de Jesús en Tarragona, donde permanece dos años y realiza sus primeros votos. En 1621 continúa sus estudios, dos cursos de filosofía, en el colegio de la Compañía en Calatayud; y a partir de 1623, empieza los cuatro cursos de teología en el colegio de la Compañía en Zaragoza.

En 1627 es ordenado sacerdote y vuelve al colegio de Calatayud como profesor de humanidades hasta 1630.

En marzo de 1631 finaliza su tercer año de probación en la casa profesa de Valencia. La probación, en las órdenes regulares, era un examen y prueba que debía hacerse, al menos durante un año, para comprobar la vocación y virtud de los novicios antes de profesar.

Desde 1631 a 1633 es profesor de gramática y teología moral en el colegio de la Compañía en Lérida.

Su nuevo destino en el colegio de la Compañía de Huesca, donde permanece desde el verano de 1636 hasta finales de agosto de 1639, significa un cambio importantísimo en la trayectoria vital de Gracián: allí inicia la publicación de sus obras y descubre un poderoso y activo círculo de eruditos y literatos.

En el grupo oscense, además del canónigo Manuel de Salinas, entre todos destaca la figura del joven oscense Vincencio Juan de Lastanosa (1607-1684), protector, mecenas, amigo y admirador de Gracián, que entre otras cosas facilita la publicación de las obras de nuestro autor en la imprenta de Juan Nogués.

Otros eruditos cercanos a Lastanosa en Huesca con los que estableció una fuerte amistad fueron: el canónigo Juan Orencio, hermano de Vincencio Juan de Lastanosa, el historiador Juan Francisco Andrés de Uztarroz, Bartolomé Morlanes, el poeta Juan de Moncayo y el tortosino Francisco de la Torre.

En 1637, y como será habitual, Gracián, con el nombre de su hermano Lorenzo, publica *El héroe*; además, sin someterse a los trámites pertinentes establecidos en la Compañía. También hay constancia de varios conflictos en el colegio de Huesca en los que estuvo implicado. Consta de veinte capítulos, que llama «primores».

La Biblioteca Nacional de España conserva el manuscrito autógrafo de *El héroe*, único conservado de una obra del jesuita. Pese a algunas censuras, la obra fue bien recibida, y *El héroe* volvió a editarse en Madrid (Diego Díaz, 1639), con un texto que presenta notables diferencias respecto al autógrafo.

En una referencia general a su obra, debemos destacar que la trayectoria literaria de Gracián está lejos de los géneros predominantes en el Barroco: la poesía y el teatro; incluso cuando se acerca a la novela en *El criticón*, en realidad nos presenta una personal alegoría novelada de la vida humana. La suya es una prosa de ideas; nos entregará casi siempre tratados: morales, a veces con rasgos políticos (*El héroe*, *El político don Fernando el Católico*, *El discreto*, el *Oráculo manual y arte de prudencia*); en un caso de carácter teórico-estético (*Agudeza y arte de ingenio*); incluso, ya puestos, podemos decir que *El comulgatorio* es un tratado religioso.

Y en relción con el hecho de que no firmase con su nombre la mayoría de sus obras, también queremos precisar que Gracián, como todos los miembros de la Compañía de Jesús, para publicar cualquier escrito necesitaba, además de las licencias y permisos obligatorios para cualquier autor de su época, la autorización, el visto bueno, de sus superiores. Por ello, Gracián publica sus obras con otros nombres: Lorenzo Gracián, Lorenzo Gracián Infanzón y García de Marlones, entre otros muchos; de esta manera, Gracián, por una parte, quiere evitar una negativa de sus superiores, exponiéndose a posibles castigos; y por otra, soslaya las frecuentes demoras que arrastraban estos permisos. Como sabemos, al final esta actitud le causó muchos problemas dentro de la Compañía.

A mediados de 1639 es trasladado a Zaragoza como confesor del napolitano don Francesco Maria Caraffa, duque de Nocera (léase Nochera), virrey de Aragón y Navarra, con el que tendrá oportunidad de pasar algún tiempo en la corte, en Madrid, en la primavera de 1640; allí conoció a mucha gente importante; pero en el balance final, el ambiente cortesano le provoca bastante desengaño.

A finales de 1640, en Madrid, publica *El político don Fernando el Católico*; de nuevo con el nombre de su hermano Lorenzo, y sin el visto bueno de la Compañía, en este caso dedicado al duque de Nocera. En este breve tratado traza la figura del perfecto gobernante siguiendo el modelo panegírico del rey Fernando, «aquel gran maestro del arte de reinar, el oráculo mayor de la razón de Estado».

El duque de Nocera, caído en desgracia por defender una solución conciliadora en el conflicto de Cataluña en oposición a la política del conde-duque de Olivares, es destituido de sus cargos y trasladado a Madrid en 1641, donde será juzgado y morirá encarcelado en la fortaleza de Pinto en julio de 1642.

A mediados de 1641 sigue en Madrid, donde está hasta principios de 1642; en este tiempo alcanza una grandísima popularidad como orador sagrado. Y en Madrid, en 1642, publica la primera versión de *Arte de ingenio, tratado de la agudeza*, que en ediciones posteriores aumentará, pasando de cincuenta a sesenta y tres capítulos en la edición de Juan Nogués de 1648, en Huesca, que ya aparece con el título definitivo, *Agudeza y arte de ingenio*.

En marzo de 1642 está de vuelta en Zaragoza y asiste por primera vez como profeso a la congregación provincial que tuvo lugar en mayo en el colegio de la ciudad. Siempre atento a la actualidad más inmediata, Gracián escribe al Colegio Imperial madrileño relatando novedades bélicas y políticas del momento como la caída de Monzón en manos francesas o la entrada de Felipe IV en Zaragoza. Entre agosto y noviembre es nombrado vicerrector de la casa de probación de la Compañía en Tarragona, donde reside al menos hasta septiembre de 1643, aunque es muy posible que permaneciese allí hasta septiembre de 1644 y sufriese los dos asedios del ejército francés a la ciudad.

Entre septiembre y diciembre de 1644, Gracián se encuentra en Valencia, tal vez para recuperarse tras una grave enfermedad que ya arrastraba desde Tarragona, donde permanece hasta julio de 1645.

Durante estos meses es probable que comenzase a preparar su siguiente libro, *El discreto*, a la vez que se dedica al ministerio de la confesión y la predicación, tarea esta última que le acarrea algún disgusto; pues, al parecer, anunció la lectura en el púlpito de una carta supuestamente remitida desde el mismísimo infierno; pero, aunque no era la primera vez que recurría a tal arranque de ingeniosa teatralidad en sus sermones, esta vez tuvo que retractarse públicamente de tan artificioso efectismo; hecho que le dolió profundamente. Gracián atribuye la denuncia a competidores valencianos en oratoria religiosa; tal vez por eso, desde entonces, se acentúan la crítica y los ataques a todo lo valenciano.

Tras estos agitados años, en el verano de 1645 Gracián es destinado de nuevo a Huesca, donde vive un largo período de sosiego que le permite dedicarse de lleno a sus libros, actividad solo interrumpida por su participación directa en la Guerra de Cataluña como capellán castrense del ejército del marqués de Leganés durante la ayuda de la tropa a Lérida, que estaba en poder de los franceses, el 21 de noviembre de 1646.

El propio Gracián nos deja una completa relación de este hecho de armas en la que ensalza su intervención personal confesando y exhortando a los soldados, lo que le valió el apelativo de «padre de la Victoria».

En 1646, Gracián publica *El discreto,* su segunda obra (Huesca, imprenta de Juan Nogués), de nuevo con el nombre de su hermano Lorenzo. El libro, de pequeño formato, como todos los anteriores, y dedicado al príncipe Baltasar Carlos, que moriría ese mismo año en Zaragoza, alejándose del arquetipo del héroe y del político, se centra en el hombre común orientándole en el arte de saber elegir bien en la vida, de ser persona en el mundo; la discreción será el prototipo de todas las virtudes. Consta de veinticinco capítulos, que llama «realces».

Y un año después, en 1647, Gracián publica el *Oráculo manual y arte de prudencia* (Huesca, imprenta de Juan Nogués), también con el nombre de su hermano Lorenzo; de nuevo se trata de un libro de pequeño formato, que se convertirá en su obra más difundida y traducida.

Como hemos señalado antes, en 1648 aparece su refundición de *Arte de ingenio* de 1642, publicándolo ahora con el título definitivo de *Agudeza y arte de ingenio*, y también con el nombre de su hermano Lorenzo (Huesca, imprenta de Juan Nogués).

La obra, muy aumentada, pasa de cincuenta a sesenta y tres capítulos, y pretende ofrecer reglas y preceptos al ingenio; aparece ilustrada con ejemplos de escritores perspicaces de todas las épocas, entre los que destaca su paisano Marcial. A pesar de su gran complejidad conceptual, es uno de los textos teóricos más precisos para entender los principios estéticos de Gracián, así como la literatura de su tiempo.

En una fecha incierta de 1649 o 1650, tras asistir en agosto de 1649 a la congregación provincial celebrada en la casa profesa de Valencia, Gracián se traslada de nuevo al colegio de Zaragoza; y utilizando por primera vez su nombre, Baltasar Gracián firma en septiembre de 1650 en Zaragoza la aprobación de la *Corona eterna* de su amigo el padre Manuel Ortigas. También con su nombre y con todos los permisos de la Compañía, se encarga de la publicación póstuma de la *Predicación fructuosa* (1652) del joven jesuita Jerónimo Continente.

En 1651, además de sus labores pastorales como confesor y predicador, se hace cargo en Zaragoza de la cátedra de Sagrada Escritura. Sin embargo, Gracián, de nuevo sin el consentimiento de su orden y esta vez con el anagrama García de Marlones, continúa su trayectoria literaria publicando la primera parte de *El criticón* (Zaragoza, imprenta de Juan Nogués), su mejor obra, y la de mayor proyección.

Como consecuencia de ello, las quejas contra Gracián llegan hasta Goswin Nickel, general de la Compañía, que en abril de 1652 se muestra muy preocupado porque Gracián ha publicado «con nombre ajeno» libros «poco graves», sin recibir por ello ningún castigo. Entre bastantes miembros de la Compañía, se crea un ambiente enrarecido en torno a Gracián.

Precisamente en estas fechas, la correspondencia de Gracián y sus amigos atestigua las dificultades del jesuita para escribir, en un ambiente enrarecido al que se suma un agrio enfrentamiento epistolar, entre marzo y abril de 1652, con su antiguo amigo (y colaborador en *Agudeza y arte de ingenio*) el canónigo oscense Manuel de Salinas.

En 1653 aparece la segunda parte de *El criticón* (Huesca, imprenta de Juan Nogués), dedicada a don Juan José de Austria, y para la que recupera de nuevo el nombre de su hermano Lorenzo.

En 1654 y 1655, curiosamente Gracián aparece más integrado que nunca en el ambiente cultural y literario de la capital aragonesa, como lo atestiguan las aprobaciones que escribe para el *Entretenimiento de las musas* (Zaragoza, 1654), de su amigo Francisco de la Torre, y para la *Vida de Santa Isabel* (Zaragoza, 1655) de F. Jacinto Funes y Villalpando, si bien de nuevo ambas firmadas como Lorenzo.

Es muy probable también, como desvela una carta del marqués de San Felices, Juan de Moncayo, que participase Gracián en la preparación de la antología *Poesías varias* publicadas por el librero José Alfay (Zaragoza, 1654).

En 1655, pese a estar finalizada ya en octubre de 1653, publica *El comulgatorio* (Zaragoza, imprenta de Juan de Ybar), la única obra que Gracián firma con su nombre, y que sale con todos los permisos pertinentes de la Compañía. En ella ofrece al piadoso lector un conjunto de cincuenta meditaciones para comulgar dentro de la tradición ascético-mística de las letras españolas. Con esta obra Gracián nos presenta un perfil muy distinto al del resto de sus libros, centrados en lo humano, pues en ella aparece un Gracián volcado en lo divino.

Por la correspondencia de Gracián con Lastanosa y con Francisco de la Torre, se sabe que en 1655, además de encontrarse con dificultades dentro de la Compañía, estaba volcado en la redacción de la tercera parte de *El criticón*.

Por fin, en 1657 aparece en Madrid la tercera y última parte de *El criticón* (Madrid, imprenta de Pablo de Val), de nuevo firmada como Lorenzo Gracián. Esta última publicación le iba a causar muchos disgustos y sufrimientos.

Con esta tercera parte de *El criticón* corona Gracián su obra maestra, un clásico de la literatura universal. *El criticón*, suma de géneros y estilos de difícil clasificación, es una alegoría épica, satírica y filosófica que, siguiendo el recurso barroco del viaje, tan frecuente en la narrativa bizantina y en la picaresca, nos ofrece una visión desengañada del mundo y una lección ética acerca de la vida del hombre en la tierra y su posterior destino.

A raíz de esta última publicación, a principios de 1658 Gracián recibe una amonestación pública que, además de «ayuno a pan y agua», conlleva su destitución de la cátedra de Escritura; y por si no era suficiente castigo, es enviado al pequeño colegio de Graus, en Huesca. Goswin Nickel, general de la Compañía, no solo refrenda el castigo en marzo de 1658, sino que exige incluso que se le prive de la pluma, el papel y la tinta, si se le descubriese algún escrito contra la Compañía. Muy afectado por el trato recibido, Gracián pide permiso para cambiarse a otra orden.

Pero en abril, al parecer rehabilitado dentro de la Compañía, aunque sigue vigilado de cerca, lo encontramos en Tarazona, como prefecto encargado de proponer puntos de meditación a los hermanos coadjutores.

En mayo predica en Alagón, pero el general Nickel, receloso de las calidades de «ese sujeto», seguirá recomendando la vigilancia sobre su persona.

El 6 de diciembre de 1658, Baltasar Gracián fallece en Tarazona; y probablemente es enterrado en la fosa común de los padres del colegio.

Oráculo manual y arte de prudencia

Un año después de publicar *El discreto* (1646), Gracián ofrece a los lectores un «arte de prudencia». En trescientos aforismos, de los que setenta y dos ya habían aparecido en obras anteriores, Gracián elabora un manual de advertencias o avisos, «quintaesencia», palabra que a él le gustaba mucho, de la filosofía moral, para su aplicación práctica en la paradójica y contradictoria vida cotidiana.

En cuanto al autor, aunque no se puede afirmar abiertamente, se cree que en la selección de los aforismos intervinieron Vincencio Juan de Lastanosa, su amigo y mecenas, y otros amigos de Huesca. Por ello, algunos llegaron a afirmar que se trataba de una obra escrita por Lastanosa. Desde la extraordinaria edición de Romera-Navarro (1954), no hay ninguna duda sobre la autoría de Baltasar Gracián. Curiosamente, en el mismo comentario que sigue al título, leemos claramente:

> *Oráculo manual y arte de prudencia*, sacada de los aforismos que se discurren en las obras de Lorenzo Gracián. Publícala Don Vincencio Juan de Lastanosa, y la dedica al excelentísimo señor don Luis Méndez de Haro, conde-duque. Con licencia. Impreso en Huesca, por Juan Nogués. Año 1647.

Y con respecto a la génesis de la obra, en un análisis detallado, podemos comprobar que, directa o indirectamente, la mayor parte de las ideas o conceptos del *Oráculo* aparecen ya en *El héroe* (1637) o en *El discreto* (1646); incluso parece una selección muy depurada, tan inclinado el autor por la concisión, de los textos anteriores.

El encabezamiento de la mayoría de los trescientos aforismos coincide, o se ajusta, en bastantes casos con el título de algunos «primores» de *El héroe* y de algunos «realces» de *El discreto*, obras de referencia para nuestro autor en el *Oráculo*.

Algunos expertos en la obra de Gracián comentan que también pudo extraer algunos aforismos de otras obras suyas, entonces iniciadas, e inéditas, y que serían integradas después en *El criticón*, su gran obra posterior.

Se trata, en conclusión, de una recopilación, una cuidada selección, un florilegio o crestomatía de sus aforismos; trescientos aforismos brevemente comentados, y de extensión similar. En sus tres obras anteriores se había centrado en diversos tipos humanos: el «héroe», el «político» o el «discreto»; es decir, aspectos concretos de la persona; ahora dirige sus consejos al hombre pleno, integral, universal, y como hemos señalado, con un enfoque pragmático y cotidiano.

Intentemos aclarar el título. Se trataría de una antología de la gran cantidad de sentencias (abreviadas) diseminadas con profusión en sus obras, que fuese «manual», es decir, manipulable, manejable, esa era la intención del libro, de ahí su pequeño formato; si bien, tan dado a la polisemia como era Gracián, cabe una segunda acepción de *manual*, según el DRAE: «libro en que se compendia lo más sustancial de una materia».

Y, además, dicho «manual» sería como un «oráculo»; *oráculo* en el sentido de dos de las cinco acepciones del DRAE: «1.—Especialmente en la Antigüedad grecorromana, respuesta que una deidad daba a una consulta, a través de un intermediario y en un lugar sagrado»; y «5.—Persona cuya opinión se estima mucho por su gran sabiduría.»

Sin embargo, para darle mayor ambigüedad y un tono antitético al título de Gracián, Covarrubias, en su *Tesoro de la lengua castellana* (1611), nos ofrece este significado de «oráculo»: «cerca de los Gentiles era la respuesta que daban los demonios y falsos dioses, que siempre eran equívocas y ambiguas».

En las palabras al lector, leemos: «una cosa me has de perdonar y otra agradecer: el llamar *Oráculo* a este epítome de aciertos del vivir, pues lo es en lo sentencioso y lo conciso.»

Y en cuanto a «arte de prudencia», curiosamente ya en 1642 publica la primera versión de *Arte de ingenio, tratado de agudeza*, con un título también bimembre, que en 1648 aparecerá con el título definitivo de *Agudeza y arte de ingenio*. La palabra «arte» era muy utilizada en la época como «conjunto de preceptos y reglas necesarios para hacer algo» (DRAE); en este caso, en la vida cotidiana.

En cuanto a su estructura y contenido, Gracián recurre al aforismo, abandonando el formato usual del tratado que venía utilizando en sus anteriores libros. Aunque en nuestro autor esta fórmula es nueva, sin embargo, se halla dentro de una larga tradición, sin entrar en sutiles matices, de aforismos, refranes, apotegmas, dichos, sentencias, adivinanzas o emblemas; pero innovando en su singularidad: su retorcida, sinuosa, a veces tortuosa, brevedad.

Gracián, apenas citando a los grandes maestros como era habitual, nos presenta todo un sistema de pensamiento, una amplia lista de preceptos y criterios prácticos de conducta para prosperar en el arriesgado entorno social de su época, el siglo XVII, siempre encauzados al éxito personal; y totalmente válidos en nuestros días.

Entre todas las virtudes, la más importante es la prudencia; lo reiterará a lo largo de todo el libro; pero ya lo expresa claramente en el aforismo 21: «Pero, bien filosofado, no hay otro arbitrio sino el de la virtud y atención, porque no hay más dicha ni más desdicha que prudencia o imprudencia».

La prudencia, nos dice, nos facilitará ser dueños de nosotros mismos, el conocimiento y el autoconocimiento, y finalmente el darnos a conocer, es decir, el manejo de las relaciones interpersonales.

Se trata de sobrevivir en un mundo hostil; para triunfar son necesarias las relaciones, hay que saber fingir y a la vez adivinar las maniobras del prójimo.

Las advertencias de muchos de sus aforismos son consejos que resultan sorprendentemente modernos: pensar positivamente, utilizar las propias capacidades, cuidar al máximo las relaciones, distribuir bien nuestro tiempo, etc.

Sin embargo, aunque el autor y su obra son considerados moralistas, a veces dudamos de la moralidad de algunos comportamientos sugeridos; y es que Gracián se centra exclusivamente en la realidad tal como es, no como debería ser; no importa tanto el bien o el mal, sino el comportamiento práctico, el éxito personal, la estimación, la fama. Por ello, su obra apenas contiene referencias religiosas a la ascética cristiana, ni está orientada a las ideas morales de la Iglesia; de ahí sus problemas con la Compañía.

En ocasiones Gracián parece jugar con el lector porque a veces nos ofrece, en un curioso juego dialéctico, soluciones o propuestas distintas, incluso en ocasiones contradictorias, para un mismo asunto. En algún caso ocurre dentro de un mismo aforismo; véanse los aforismos 28: «*En nada vulgar*. No en el gusto. ¡Oh, gran sabio el que se descontentaba de que sus cosas agradasen a los muchos! Hartazgos de aplauso común no satisfacen a los discretos»; 45: «*Usar, no abusar, de las reflejas* (segundas intenciones). No se han de afectar, menos dar a entender. Toda arte se ha de encubrir, que es sospechosa, y más la de cautela, que es odiosa»; y 100: «*Varón desengañado*: cristiano sabio, cortesano filósofo. Mas no parecerlo, menos afectarlo».

Otras veces las ideas contradictorias aparecen en aforismos distintos; algún ejemplo: aforismos 133, «*Antes loco con todos que cuerdo a solas*» y 137, «*Bástese a sí mismo el sabio*»; en los aforismos 53, «*Diligente e inteligente*. La diligencia ejecuta presto lo que la inteligencia prolijamente piensa. Es pasión de necios la prisa, que, como no descubren el tope, obran sin reparo. [...] Obró mucho el que nada dejó para mañana. Augusta empresa, correr a espacio» (se está refiriendo al refrán latino *Festina lente*, «apresúrate despacio»; y en el 56, «*Tener buenos repentes*. Nacen de una prontitud feliz. No hay aprietos ni acasos para ella, en fe de su vivacidad y despejo. Piensan mucho algunos para errarlo todo después, y otros lo aciertan todo sin pensarlo antes», nos habla de lo mismo.

Sin embargo, nos manifiesta lo contrario en los aforismos 55, «*Hombre de espera*. Arguye gran corazón, con ensanches de sufrimiento. Nunca apresurarse ni apasionarse», y en el 57, «*Más seguros son los pensados*. Harto presto, si bien. Lo que luego se hace, luego se deshace; mas lo que ha de durar una eternidad, ha de tardar otra en hacerse».

En el fondo ocurre lo mismo en el refranero, que viene a ser el «oráculo manual» del pueblo en el que a lo largo del tiempo se viene recogiendo la sabiduría popular como un faro o guía para orientarse moralmente en el día a día de la supervivencia cotidiana.

Y curiosamente, también en el refranero, igual que en Gracián, encontramos consejos, refranes contradictorios que validan una idea y la contraria; el hombre anónimo, el pueblo-Sancho, decide cuál se ajusta mejor a su día a día: tal vez, hoy, «a quien madruga, Dios le ayuda», o mañana, «no por mucho madrugar amanece más temprano»; o los otros dos: «el que la sigue la consigue», o «tanto va el cántaro a la fuente que al fin se rompe», si le interesa o no «arrimar el ascua a su sardina». Y es cierto que «la cara es el espejo del alma», pero no debemos quedarnos en lo superficial, es preciso ahondar, porque «las apariencias engañan».

Y por afirmar el valor de la amistad, el refranero nos recuerda: «ten cerca a los amigos, pero más a los enemigos»; pero también nos advierte: «a enemigo que huye, puente de plata».

Baltasar Gracián se nos muestra partidario de una ética, de unas normas morales basadas más en la práctica cotidiana y en las circunstancias humanas concretas que en principios religiosos o teológicos, aunque a veces recurre al Antiguo Testamento (libro de los Proverbios, del Eclesiastés y del Eclesiástico).

A Emilio Blanco (2023, pág. 67) le llama la atención «la ausencia en su obra de citas explícitas de algún santo. Es innegable que utilizó la sabiduría acumulada en los textos de autores de la Compañía»; pero no lo refleja en su obra.

Incluso, en el aforismo 251, *«Hanse de procurar los medios humanos como si no hubiese divinos, y los divinos como si no hubiese humanos. Regla de gran maestro; no hay que añadir comento»*, alude claramente a san Ignacio de Loyola, fundador de la Compañía, pero evita nombrarlo.

Sin embargo, sí menciona, directa o indirectamente, a Séneca —es muy profundo el rastro del gran estoico cordobés— y a Tácito; y también, aunque en menor medida, se perciben las huellas de su paisano Marcial, de Horacio, de Plutarco, de Juvenal, de Epicteto y de Cicerón.

Y aunque no era muy partidario de los usos del vulgo ignorante (recordemos que el jaraiceño Gonzalo Correas había publicado en 1627 su *Vocabulario de refranes y frases proverbiales y otras fórmulas comunes de la lengua castellana*), también recurre con frecuencia a los «refranes»; pero casi siempre los retoca, los altera, como intentando camuflar su origen popular, aunque, conociendo a Gracián, tal vez también los disfrace para provocar el talento del lector.

En realidad, estamos ante la sabiduría práctica del pueblo llano, del pueblo-Sancho, eso sí, depurada en la alquitara del escritor más rabiosamente conceptista de nuestra literatura.

En cuanto a su trascendencia y difusión, el *Oráculo manual y arte de prudencia* tuvo una gran difusión desde su aparición.

A los pocos años, en 1653, aparecen en Madrid dos nuevas ediciones (de María de Quiñones y de Francisco Lamberto); en Lisboa aparece una nueva edición en 1657; de 1660 es la edición aparecida en Ámsterdam; y en 1697, en Bruselas.

Pese a su enorme dificultad para ser traducida, esta obra fue pronto, y repetidas veces, traducida a otras lenguas.

Al italiano fue traducida en 1669 (Venecia) con sucesivas ediciones.

Cuatro traducciones se realizan al francés, la primera en 1684, con más de veinte ediciones.

Cuatro al neerlandés, la primera en 1696; dos, al húngaro (1770), al ruso en 1739, etc.

Once traducciones al alemán, la primera en 1686, con más de veinticinco ediciones; siendo la traducción más famosa la que realizó Arthur Schopenhauer (1788-1860), publicada en 1861. Schopenhauer admiraba la obra de Gracián, al que tenía entre sus autores favoritos, y tradujo el *Oráculo manual y arte de prudencia* entre 1828 y 1832, si bien su publicación apareció en 1861, un año después de su muerte. De *El criticón* llegó a decir que era «la más grande y más hermosa alegoría que jamás se ha escrito». En la filosofía pesimista de Schopenhauer, se reconoce claramente la influencia de Gracián.

Además, la obra tuvo gran influencia en los moralistas franceses de los siglos XVII y XVIII: La Rochefoucauld, La Bruyère, Montaigne, Pascal y La Fontaine, entre otros.

Friedrich Nietzsche (1844-1900) también conoció y apreció a Gracián. Azorín, gran admirador de Baltasar Gracián, y responsable de su redescubrimiento en España a principios del siglo XX, curiosamente publicó en 1902 en *El Globo* un artículo titulado «Un Nietzsche español» en torno a Gracián. Es claro que Nietzsche conoció los textos de Gracián a través de Schopenhauer, que tanto admiraba a nuestro autor.

Y finalizando con el lenguaje, evidentemente Gracián maneja como pocos los recursos expresivos de nuestra lengua. Está tan elaborado el lenguaje que en ocasiones no captamos lo que nos quiere decir hasta una segunda o tercera lectura.

Nuestro autor recurre a todo tipo de procedimientos retóricos: paradojas, equívocos, paronomasias, retruécanos, continuas elipsis, reiterados juegos de palabras, habituales innovaciones semánticas, etc., buscando siempre la dificultad y la concisión de los conceptos.

Igual que en el estilo paremiológico, en el lenguaje del *Oráculo manual* nos encontramos una gran ausencia (elipsis) de nexos, de pronombres y de determinantes; y en cuanto a los verbos, predominio del presente, sobre todo, de indicativo; todos ellos son rasgos propios del estilo didáctico-moral.

Sin embargo, lo que en un primer momento nos parece una sintaxis sencilla resulta muy compleja de descifrar y entender al lector; pues el sorprendido lector tiene que «restablecer» en su mente los nexos elididos y las relaciones establecidas; y también a veces «descubrir» cuál era la intención de Gracián.

Además, debemos precisar que la dificultad no solo radica en la sintaxis; también los términos, el léxico, contribuyen al enigma, a la ambigüedad, a la incógnita.

De pronto comprobamos que unas veces emplea palabras con un significado diferente del habitual; otras, utiliza vocablos con significados contrapuestos, o recurre a términos creados por él, sirviéndose sobre todo de prefijos: «despicarse», «contracifra», «contrafamas», «contratreta», «contraardid», «reconsejo», «repasión», «revulgo», «revista», «espantaignorantes».

Y como era de esperar, en bastantes ocasiones acude a los juegos de palabras, especialmente a la paronomasia:

elección/lección («Hacen aquellos primero elección de la lección, y sírvenle después en quintas esencias el saber», (aforismo 15).

milicia/malicia («Milicia es la vida del hombre contra la malicia del hombre», (aforismo 13).

atención/intención («Echa una intención para asegurarse de la émula atención», aforismo 13).

aviso/viso («Gustan de ser ayudados los príncipes, pero no excedidos, y que el aviso haga antes viso de recuerdo», aforismo 7).

calidez/candidez («De esta suerte combaten la calidez de Pitón contra la candidez de los penetrantes rayos de Apolo», aforismo 13; «Altérnense la calidez de la serpiente con la candidez de la paloma», aforismo 243).

premio/apremio («Las causas superiores no obran sin el premio o el apremio», aforismo 187).

genio/ingenio («Pégase el genio, y aun el ingenio, sin sentir», aforismo 108; «Todo se lo halla uno hecho: el ingenio está de vez, el genio de temple y todo de estrella», aforismo 139; «Para acertarse se ha de ajustar al genio y al ingenio de los que tercian», aforismo 148; «Todos tienen su *si no*, unos en el ingenio, otros en el genio», aforismo 182).

dora/adora (No hace el numen el que lo dora, sino el que lo adora», aforismo 5).

yerro/hierro («Floreció en el Siglo de Oro la llaneza; en este de yerro, la malicia», aforismo 219); siglo de oro, siglo de yerro («hierro» y de «errores»).

Entendemos, pues, que sea difícil la lectura de los textos de Gracián en general, y del *Oráculo manual y arte de prudencia* en particular.

Para darnos la razón, nuestro autor escribió en *Agudeza y arte de ingenio*: «La verdad, cuanto más dificultosa, es más agradable, y el conocimiento que cuesta es más estimado».

Baltasar Gracián y su tiempo
Cronología

1598   Muere Felipe II y comienza el reinado de Felipe III (1598-1621).

1599   Mateo Alemán publica *Vida del pícaro Guzmán de Alfarache*. Nace Diego Rodríguez de Silva y Velázquez (1599-1660).

1600   Nace Calderón de la Barca (1600-1681).

1601   El 8 de enero, tal como consta en su partida de bautismo, nace Baltasar Gracián Morales en Belmonte, hoy Belmonte de Gracián (Zaragoza), pueblo muy cercano a Calatayud.

            Juan de Mariana (1536-1624) publica la *Historia de España* en castellano.

            Felipe III traslada la Corte de Madrid a Valladolid, permaneciendo allí hasta 1606, cuando regresa a Madrid.

1602   En 1602, la familia de Baltasar Gracián se establece en Ateca, donde permanece hasta 1620.

1605   Cervantes (1547-1616) publica la primera parte del *Quijote*. Se publica *La pícara Justina*, de Francisco López de Úbeda.

1609   El Inca Garcilaso de la Vega (1539-1616) publica *Comentarios reales*.

Expulsión de los moriscos (musulmanes convertidos al catolicismo) de España.

Tregua de los Doce Años entre España y los Países Bajos. La expulsión de España de los moriscos afectó a unas 300.000 personas que residían principalmente en la región de Valencia; grandes zonas rurales quedaron despobladas y la medida afectó gravemente a la agricultura.

1612   Luis de Góngora (1561-1627) publica *Fábula de Polifemo y Galatea*, muestra de poesía culterana; las primeras copias de las *Soledades* datan de 1611.

1616   Sin precisión de fechas, parece ser que muy joven se traslada a Toledo, donde vive con su tío, el sacerdote Antonio Gracián; pero no se sabe cuánto tiempo estuvo en Toledo ni cuáles fueron sus estudios en dicha ciudad.

Mueren Miguel de Cervantes (1547-1616) y William Shakespeare (1564-1616).

1618   Aparece *La vida del escudero Marcos de Obregón*, de Vicente Espinel.

1619   El 30 de mayo de 1619 ingresa en el noviciado de la Compañía de Jesús en Tarragona, donde permanece dos años, en que realiza sus primeros votos.

Lope de Vega (1562-1635) publica *Fuente Ovejuna*.

1621   Continúa sus estudios con dos cursos de filosofía en el colegio de la Compañía en Calatayud, donde permaneció hasta 1623.

Muerte de Felipe III; comienzo del reinado de Felipe IV (1621-1665); Gaspar de Guzmán, conde-duque de Olivares, sustituye como consejero al duque de Uceda; se inicia de nuevo el conflicto con los Países Bajos.

1622   Canonización de santa Teresa de Jesús (1515-1582).

1623   Empieza los cuatro cursos de teología en el colegio de la Compañía en Zaragoza.

1626   Quevedo (1580-1645) publica *Historia de la vida del Buscón, llamado don Pablos; ejemplo de vagamundos y espejo de tacaños.*

1627   Es ordenado sacerdote. Vuelve al colegio de Calatayud como profesor de Gramática hasta 1630.

Muere Luis de Góngora en Córdoba.

1630   Reside en la casa profesa de Valencia para cumplir su tercer año de probación, que finaliza el 15 de marzo de 1631.

Se publica el *Burlador de Sevilla*, de Tirso de Molina (1570-1648). Velázquez (1599-1660) pinta *La fragua de Vulcano.*

1631   Desde 1631 a 1633 es profesor de gramática y teología moral en el colegio de la Compañía en Lérida.

Quevedo edita las *Poesías* de fray Luis de León (1527-1591).

1633   Galileo Galilei llega a Roma, acusado de herejía, para su juicio ante la Inquisición.

1635   Realiza los votos solemnes en la Compañía de Jesús.

Calderón de la Barca (1600-1681) escribe *La vida es sueño*. Muere Lope de Vega en Madrid.

1636-1639   Nuevo destino en el colegio de la Compañía de Huesca (verano de 1636 hasta finales de agosto de 1639); significa un cambio importante en su trayectoria vital: allí inicia la publicación de sus obras y encuentra grandes amigos: Vincencio Juan de Lastanosa y Manuel de Salinas.

Calderón de la Barca escribe *El alcalde de Zalamea*.

Gracián (1601-1648) publica *El héroe* en 1637.

Descartes (1596-1650) publica el *Discurso del método*.

A mediados de 1639 es trasladado a Zaragoza como confesor del napolitano don Francesco Maria Caraffa, duque de Nocera.

1640   En Madrid, a finales de 1640, publica *El político don Fernando el Católico*; de nuevo sin censura, y dedicado al duque de Nocera.

Diego de Saavedra Fajardo (1584-1648) publica *Empresas políticas o Idea de un príncipe político cristiano*.

Levantamiento en Portugal, se elige rey a Juan IV de Braganza; fin de la unión de Portugal con España. Rebelión en Cataluña.

1641   A mediados de 1641 se encuentra en Madrid acompañando al duque de Nocera, donde estará hasta principios de 1642; en este tiempo alcanza una grandísima popularidad como orador sagrado.

Aparece *El diablo cojuelo*, de Luis Vélez de Guevara (1579-1644).

1642   En Madrid publica la primera versión de *Arte de ingenio, tratado de la agudeza*. En marzo de 1642 vuelve a Zaragoza. Entre agosto y noviembre retorna a Tarragona como vicerrector de la casa de probación de la Compañía, donde reside al menos hasta septiembre de 1643, aunque es muy posible que permaneciese allí hasta septiembre de 1644 y sufriese los dos asedios del ejército francés a la ciudad.

Nace Isaac Newton (1642-1727).

1643   Caída del conde-duque de Olivares. Los tercios españoles son derrotados en Rocroi.

1644   Entre septiembre y diciembre de 1644 Gracián se encuentra en Valencia, donde permanece hasta julio de 1645. Conflicto con algunos miembros valencianos de la Compañía, a los que atribuye una denuncia ante sus superiores; desde entonces se acentúan en Gracián la crítica y los ataques a todo lo valenciano.

1645   En el verano de 1645, Gracián es destinado de nuevo a

Huesca, donde vivirá un largo período de sosiego tras los últimos agitados años, que le permitirá dedicarse de lleno a sus libros.

Muere Francisco de Quevedo en Villanueva de los Infantes (Ciudad Real).

1646　　Publica *El discreto*.

Participa directamente en la Guerra de Cataluña como capellán castrense en la ayuda a Lérida.

1647　　Publica el *Oráculo manual y arte de prudencia*.

1648　　Aparece su refundición de *Arte de ingenio* de 1642, publicándolo ahora con el título definitivo de *Agudeza y arte de ingenio*.

Paz de Westfalia. España reconoce la independencia de los Países Bajos.

1649　　Gracián se traslada a Zaragoza, al colegio de la Compañía, en una fecha incierta de 1649 o 1650.

1650　　Firma con su nombre la aprobación de la *Corona eterna* de su amigo el padre Manuel Ortigas; y también, con todos los permisos de la Compañía, se encarga de la publicación de la *Predicación fructuosa* del jesuita Jerónimo Continente.

1651　　Gracián comienza la publicación de *El criticón* (1651-1657), de nuevo, en este caso, sin el consentimiento de su orden y firmando: García de Marlones.
Nace sor Juana Inés de la Cruz en México (1651-1695).

1652   Goswin Nickel, general de la Compañía, se preocupa porque Gracián ha publicado «con nombre ajeno» libros «poco graves», sin recibir por ello ningún castigo. Entre bastantes miembros de la Compañía, se crea un ambiente enrarecido en torno a Gracián.

1653   Aparece la segunda parte de *El criticón*.

1655   Aparece *El comulgatorio*, la única obra que Gracián firma con su nombre, y que sale con todos los permisos pertinentes de la Compañía.
             La correspondencia de Gracián refleja que tenía muchas dificultades dentro de la Compañía.

1657   Aparece en Madrid la tercera y última parte de *El criticón*.

1658   A raíz de su última publicación, Gracián recibe una amonestación pública, es destituido de la cátedra de Escritura y enviado al pequeño colegio de Graus, en Huesca. Muy afectado por el trato recibido, Gracián pide permiso para cambiarse a otra orden.
             Pero en abril se halla en Tarazona, al parecer rehabilitado dentro de la Compañía, aunque sigue vigilado de cerca.
             El 6 de diciembre de 1658, Baltasar Gracián fallece en Tarazona.

Sobre esta edición

En nuestra edición seguimos, actualizando siempre la grafía, la acentuación y la puntuación, la cuidada publicación del *Oráculo manual y arte de prudencia* de Emilio Blanco (2023, 17.ª edición).

Por ejemplo, como es evidente, actualizo grafías antiguas como «objceto<objeto»; «escuras<oscuras»; «lición<lección»; «proprio<propio»; «coraçón<corazón»; «plático<práctico»; etc.

Sin embargo, mantenemos, sin actualizarlos, muchos pronombres enclíticos: «haylos de ocasión»; «ofrecéseles mucho»; «y eslo la contradicción de los buenos ratos»; «vanse muchos, o por las ramas, o...»; «hase de ir con arte»; «pónese segundo»; « hácela dichosa la variedad erudita»; etc.

Queremos especificar que no hemos corregido los casos de leísmo o laísmo.

Dado que nuestra edición va dirigida al público general, sin pretender entrar en interpretaciones ni análisis pormenorizados, en las notas a pie de página solo pretendemos aclarar el sentido del texto, tan difícil de descifrar en las obras de Baltasar Gracián, especialmente en este «manual».

Cuando puntualizo el significado de una palabra, siempre que es posible recurro al DRAE; y si no lo es, al *Diccionario de autoridades*. De la misma manera, cuando señalamos los refranes relacionados con los diversos aforismos, los tomamos del *Vocabulario de refranes y frases proverbiales y otras fórmulas comunes de la lengua castellana*, de Gonzalo Correas.

Por último, en relación con el título, siendo el original *Oráculo manual y arte de prudencia*, en la cubierta y en la portadilla hemos preferido utilizar *El arte de la prudencia*, más cercano al lector actual. Hemos respetado no obstante, el título original cuando lo reproducimos del corpus de la obra, después de las páginas de introducción, notas y la presente explicación de la edición.

Guillermo Suazo Pascual
Piña de Campos, verano de 2023

ORÁCULO MANUAL Y ARTE DE PRUDENCIA

PRELIMINARES

Aprobación

Aprobación del Padre M. Fr. Gabriel Hernández, catedrático de Teología de la Universidad de Huesca, de la orden de San Agustín

Visto he, por mandado del ilustre señor doctor Jerónimo de Arascués, canónigo de la Santa Iglesia de Huesca, oficial eclesiástico y vicario general de su obispado, este libro intitulado *Oráculo manual y arte de prudencia*, sacada de las obras de Lorenzo Gracián, que publica don Vincencio Juan de Lastanosa.

He admirado en tan poco cuerpo tanta alma. Es una quintaesencia de la más recóndita prudencia, que ya no se alimentan de otro los entendidos. Vense aquí de una vez todas las obras de este autor, y, si cada una de por sí es un prodigio, todas aquí en delecto[1] harán una cifra de ellos. Siempre tuve por dificultosa el arte de prudencia, pero quien supo hallar reglas a la agudeza pudo encargar preceptos a la cordura.

No tiene cosa contra nuestra santa fe; antes, es un espejo de la razón, moderna maravilla de aciertos; ni es escollo de las cristianas costumbres, sino un discreto realce de las acciones, en quien el ingenio admire lo que el juicio logre.

---

[1] *delecto*: desus. Orden, elección, discernimiento. Aparece igual en el aforismo LI.

Este es mi parecer. En el convento de (N. P. S.) nuestro padre San Agustín de Huesca. Marzo, a 11 de 1647.

Fr. Gabriel Hernández

Vista la Aprobación del (P. M. Fr.) Padre maestro fray Gabriel Hernández, damos licencia que se imprima el *Oráculo manual y arte de prudencia*.

El Doctor Jerónimo Arascués, *Ofic., V. G.*
(oficial vicario general)

Aprobación del Doctor Juan Francisco Andrés, cronista del reino de Aragón

Leí atentamente, por orden del muy ilustre señor D. Miguel Marta, del Consejo de su Majestad, y su Regente en la Real Cancillería de Aragón, los aforismos que publica don Vincencio Juan de Lastanosa de las obras, impresas y manuscritas de Lorenzo Gracián; diligencia que merece no solamente la permisión de la estampa, pero aplausos y admiraciones.

Por esto, y porque no se oponen a las regalías del Rey Nuestro Señor, pueden darse a la prensa. Así lo siento, en Zaragoza, 24 de marzo, 1647.

El Doctor Juan Francisco Andrés

Imprimatur:
Marta, *Rg.* (Regens)

Al Excelentísimo Señor
don Luis Méndez de Haro[2]

Excelentísimo Señor:

No tanto solicita este *Oráculo prudencial* el amparo de Vuestra Excelencia cuanto su autoridad; no la fortuna, aunque grande, sino el merecimiento, que es mayor. Pretende no parecer imposible en copia de preceptos, a vista de su original en ejecuciones. Cifra todo un varón de prendas y descifra las que en Vuestra Excelencia veneró, y de la que fue primero admiración, hace arte. Sea excusa de su altivo destino a los pies de Vuestra Excelencia la que fue lisonja ya al grande macedón[3]. Presentábanle privilegio de ciudadano suyo los de la culta Corinto y, pareciendo ridículo el servicio al conquistador de todo el mundo, doraron el hecho con este dicho: que con ninguno habían usado de aquel género de obsequio, sino con Hércules y con él. Séame excusa que estas obras a nadie las he consagrado, sino al Rey Nuestro Señor, al Príncipe[4] y a Vuestra Excelencia, a quien depreco con propiedad el Católico. *Vale.*

D. Vincencio Juan de Lastanosa

---

[2] Este encabezamiento no aparece en la edición de 1639; Luis Méndez de Haro (1598-1661) sucede a su tío el conde-duque de Olivares en el valimiento en 1646.

[3] Se refiere a Alejandro Magno.

[4] Al rey Felipe IV le había dedicado *El héroe* (1637), y al príncipe Baltasar Carlos, *El discreto* (1646).

Al lector[5]

Ni al justo leyes, ni al sabio consejos, pero ninguno supo bastantemente para sí. Una cosa me has de perdonar y otra agradecer: el llamar *Oráculo* a este epítome de aciertos del vivir, pues lo es en lo sentencioso y lo conciso; el ofrecerte de un rasgo todos los doce Gracianes, tan estimado cada uno, que *El discreto* apenas se vio en España cuando se logró en Francia, traducido en su lengua e impreso en su corte. Sirva este de memorial a la razón en el banquete de sus sabios, en que registre los platos prudenciales que se le irán sirviendo en las demás obras para distribuir el gusto genialmente.

---

[5] Este encabezamiento no aparece en la edición de 1639.

ORÁCULO MANUAL Y ARTE DE PRUDENCIA

sacada de los aforismos que se discurren
en las obras de Lorenzo Gracián.

Publícala Don Vincencio Juan de Lastanosa,
y la dedica al Excelentísimo Señor
don Luis Méndez de Haro, conde duque.

Con licencia. Impreso en Huesca,
por Juan Nogués. Año 1647.

1

Todo está ya en su punto[1], y el ser persona[2] en el mayor.

Más se requiere hoy para un sabio que antiguamente para siete[3]; y más es menester para tratar con un solo hombre en estos tiempos que con todo un pueblo en los pasados.

2

Genio e ingenio.

Los dos ejes del lucimiento de prendas: el uno sin el otro, felicidad a medias. No basta lo entendido, deséase lo genial. Infelicidad de necio: errar la vocación en el estado, empleo, región, familiaridad.

3

Llevar sus cosas con suspensión.

La admiración de la novedad es estimación de los aciertos. El jugar a juego descubierto ni es de utilidad, ni de gusto. El no declararse luego[4] suspende, y más donde la sublimidad del empleo da objeto a la universal expectación; amaga misterio en todo y con su misma arcanidad provoca la veneración. Aun en el darse a entender se ha de huir la llaneza, así como ni en el trato se ha de permitir

---

[1] *en su punto*: (DRAE) «loc. adj. En el estado de perfección que le corresponde». También, estar en sazón. Véase el aforismo 6 *(Hombre en su punto)*.

[2] *ser persona*: es una idea muy importante en toda la obra de Gracián; viene a ser sinónimo de «hombre en plenitud», que siempre se opone al concepto de «hombre común».

[3] Lógicamente se refiere a los siete sabios de Grecia.

[4] *luego*: desus. Prontamente, sin dilación.

el interior a todos. Es el recatado silencio sagrado[5] de la cordura. La resolución declarada nunca fue estimada; antes se permite a la censura, y si saliere azar[6], será dos veces infeliz. Imítese, pues, el proceder divino para hacer estar a la mira y al desvelo.

4
El saber y el valor alternan grandeza,
porque lo son, hacen inmortales; tanto es uno cuanto sabe, y el sabio todo lo puede. Hombre sin noticias, mundo a oscuras. Consejo y fuerzas, ojos y manos; sin valor es estéril la sabiduría.

5
Hacer depender[7].
No hace el numen[8] el que lo dora, sino el que lo adora: el sagaz más quiere necesitados de sí que agradecidos. Es robarle a la esperanza cortés fiar del agradecimiento villano[9], que lo que aquella es memoriosa es este olvidadizo. Más se saca de la dependencia que de la cortesía: vuelve luego las espaldas a la fuente el satisfecho, y la

---

[5] *sagrado*: «lugar sagrado de la cordura». En su séptima acepción, el *Diccionario de autoridades*: «Metaphoricamente significa qualquiera recurso, o sitio que assegura de algun peligro, aunque no sea lugar sagrado».

[6] «si saliese adversa». En su segunda acepción, en *azar*, el *Diccionario de autoridades* dice: «En el juego de naipes y dados se llama la suerte contraria: porque assí en estos como en otros juegos se dice azar la casualidad que impide jugar con felicidad».

[7] Este aforismo incide en la importancia de resultar imprescindible, que el otro dependa de ti.

[8] *numen*: deidad dotada de un poder misterioso y fascinador.

[9] *villano*: rústico o descortés.

naranja exprimida cae del oro al lodo. Acabada la dependencia, acaba la correspondencia, y con ella la estimación. Sea lección, y de prima[10] en experiencia, entretenerla, no satisfacerla, conservando siempre en necesidad de sí aun al coronado patrón; pero no se ha de llegar al exceso de callar para que yerre, ni hacer incurable el daño ajeno por el provecho propio.

6
Hombre en su punto[11].
No se nace hecho: vase de cada día perfeccionando, en la persona, en el empleo, hasta llegar al punto del consumado ser, al complemento de prendas, de eminencias: conocerse ha en lo realzado del gusto, purificado del ingenio, en lo maduro del juicio, en lo defecado[12] de la voluntad. Algunos nunca llegan a ser cabales, fáltales siempre un algo; tardan otros en hacerse. El varón consumado, sabio en dichos, cuerdo en hechos, es admitido y aun deseado del singular comercio[13] de los discretos.

7
Excusar victorias del patrón[14].
Todo vencimiento es odioso, y del dueño, o necio o fatal. Siempre la superioridad fue aborrecida, cuanto más de la misma superioridad.

---

[10] *de prima*: la «lección de prima» era la que en la universidad se explicaba en la *hora prima*; es decir, en las tres primeras horas de la mañana.

[11] En *El discreto*, el *realce* XVII lleva el mismo título («El hombre en su punto») y trata el mismo tema.

[12] *defecado*: depurado.

[13] *comercio*: comunicación y trato entre personas.

[14] *patrón*: defensor, protector; y también, superior.

Ventajas vulgares[15] suele disimular la atención, como desmentir la belleza con el desaliño. Bien se hallará quien quiera ceder en la dicha, y en el genio; pero en el ingenio, ninguno, cuanto menos una soberanía. Es este el atributo rey[16], y así, cualquier crimen contra él fue de lesa majestad. Son soberanos, y quieren serlo en lo que es más. Gustan de ser ayudados los príncipes, pero no excedidos, y que el aviso haga antes viso de recuerdo de lo que olvidaba que de luz de lo que no alcanzó. Enséñannos esta sutileza los astros con dicha, que, aunque hijos y brillantes, nunca se atreven a los lucimientos del sol.

8

Hombre inapasionable, prenda de la mayor alteza de ánimo:
su misma superioridad le redime de la sujeción a peregrinas vulgares impresiones. No hay mayor señorío que el de sí mismo[17], de sus afectos, que llega a ser triunfo del albedrío; y cuando la pasión ocupare lo personal, no se atreva al oficio, y menos cuanto fuere más: culto[18] modo de ahorrar disgustos, y aun de atajar para la reputación.

---

[15] *vulgares*: comunes o generales; lo suele utilizar con este significado.

[16] *rey*: Gracián lo suele utilizar en aposición con valor adjetivo: importante, magnífico, extraordinario. Véanse los aforismos 34 (*Conocer su realce rey*) y 225 (*Conocer su defecto rey*).

[17] En *El discreto*, en el *realce* XIV escribe: «porque nunca se sujeta a vulgares peregrinas impresiones, que es el mayor señorío el de sí mismo». La importancia de «ser señor de sí mismo» también aparece en bastantes aforismos; véanse los números 52, 55, 89, 179, 222 y 225, entre otros.

[18] *culto*: sabio, juicioso, inteligente.

9

Desmentir los achaques de su nación.

Participa el agua las calidades buenas o malas de las venas[19] por donde pasa, y el hombre las del clima donde nace. Deben más unos que otros a sus patrias, que cupo allí más favorable el cenit. No hay nación que se escape de algún original defecto: aun las más cultas, que luego censuran los confinantes, o para cautela, o para consuelo. Victoriosa destreza corregir, o por lo menos desmentir, estos nacionales desdoros: consíguese el plausible crédito de único entre los suyos, que lo que menos se esperaba se estimó más. Hay también achaques de la prosapia, del estado, del empleo y de la edad, que, si coinciden todos en un sujeto, y con la atención no se previenen, hacen un monstruo intolerable.

10

Fortuna y fama.

Lo que tiene de inconstante la una, tiene de firme la otra. La primera para vivir, la segunda para después; aquella, contra la envidia; esta, contra el olvido. La fortuna se desea y tal vez[20] se ayuda, la fama se diligencia[21]. Deseo de reputación nace de la virtud; fue y es hermana de gigantes la fama; anda siempre por extremos: o monstruos, o prodigios, de abominación, de aplauso.

---

[19] *vena*: (DRAE) «Conducto natural por donde circula el agua en las entrañas de la tierra».

[20] *tal vez*: alguna vez, en alguna ocasión.

[21] *diligenciar*: (DRAE) «Poner los medios necesarios para el logro de una solicitud», de algo en general.

11
Tratar con quien se pueda aprender.

Sea el amigable trato escuela de erudición[22], y la conversación, enseñanza culta; un hacer de los amigos maestros, penetrando el útil[23] del aprender con el gusto del conversar. Altérnase la fruición[24] con los entendidos, logrando lo que se dice en el aplauso con que se recibe, y lo que se oye en el amaestramiento. Ordinariamente nos lleva a otro la propia conveniencia, aquí realzada. Frecuenta el atento[25] las casas de aquellos héroes[26] cortesanos, que son más teatros de la heroicidad que palacios de la vanidad. Hay señores acreditados de discretos que, a más de ser ellos oráculos de toda grandeza con su ejemplo y en su trato, el cortejo de los que los asisten es una cortesana academia de toda buena y galante discreción.

---

[22] *erudición*: como matiza Emilio Blanco (2023, pág. 106), «con el sentido latino de "instruir, enseñar, educar", y no con el moderno».

[23] *el útil*: lo útil.

[24] *fruición*: (DRAE) «Goce muy vivo en el bien que alguien posee». Es una palabra por la que Gracián siente una especial inclinación.

[25] *atento*: Gracián casi siempre la utiliza con el valor de «prudente»; al igual que «atención», con el sentido de «prudencia».

[26] *héroe*: (DRAE) «Persona ilustre y famosa por sus hazañas o virtudes». Gracián, en las palabras al lector de *El héroe*, escribe: «Sacar un varón máximo; esto es, milagro en perfección».

12

Naturaleza y arte[27]; materia y obra.

No hay belleza sin ayuda, ni perfección que no dé en bárbara sin el realce del artificio: a lo malo socorre y lo bueno lo perfecciona. Déjanos comúnmente a lo mejor[28] la naturaleza, acojámonos al arte. El mejor natural es inculto sin ella, y les falta la mitad a las perfecciones si les falta la cultura. Todo hombre sabe a tosco sin el artificio, y ha menester pulirse en todo orden de perfección.

13

Obrar de intención, ya segunda, y ya primera[29].

Milicia[30] es la vida del hombre contra la malicia del hombre, pelea la sagacidad con estratagemas de intención. Nunca obra lo que indica; apunta, sí, para deslumbrar; amaga al aire con destreza y ejecuta en la impensada realidad, atenta siempre a desmentir. Echa una intención para asegurarse de la émula[31] atención, y revuelve

---

[27] En *El discreto*, el *realce* XVIII («De la cultura y aliño») trata el mismo tema; y más adelante, en el aforismo 87, *Cultura y aliño*, reflexiona de nuevo sobre el mismo asunto.

[28] *a lo mejor*: en lo mejor.

[29] En *intención*, en su séptima acepción, el *Diccionario de autoridades* dice: «Segunda intención. En sentido moral, es quando se hace una cosa descubiertamente y a las claras, y se tiene otro fin o designio oculto y que no le manifiesta aquella acción. Y en este sentido se dice llevar segunda intención en lo que se hace».

[30] *milicia/malicia*: la milicia de la vida, desde el pensamiento ignaciano, y la malicia del hombre; juego de palabras muy propio de Gracián.

[31] *émulo/emula*: (DRAE) «Competidor o imitador de alguien o de algo, procurando excederlo o aventajarlo»; pero Gracián lo utiliza con mucha frecuencia con el matiz de «Enemigo y contrario de otro, y su competidor», tal como aparece en el *Diccionario de autoridades*; dejando a un lado el aspecto de «imitador».

luego contra ella venciendo por lo impensado. Pero la penetrante inteligencia la previene con atenciones, la acecha con reflejas[32], entiende siempre lo contrario de lo que quiere que entienda, y conoce luego cualquier intentar de falso; deja pasar toda primera intención, y está en espera a la segunda y aun a la tercera. Auméntase la simulación al ver alcanzado su artificio, y pretende engañar con la misma verdad: muda de juego por mudar de treta, y hace artificio del no artificio, fundando su astucia en la mayor candidez. Acude la observación entendiendo su perspicacia, y descubre las tinieblas revestidas de la luz; descifra la intención, más solapada cuanto más sencilla. De esta suerte combaten la calidez de Pitón contra la candidez de los penetrantes rayos de Apolo[33].

14

La realidad y el modo[34].

No basta la sustancia, requiérese también la circunstancia. Todo lo gasta un mal modo, hasta la justicia y razón. El bueno todo lo suple: dora el *no*, endulza la verdad[35] y afeita[36] la misma vejez. Tiene gran

---

[32] *reflejas*: Gracián emplea con frecuencia este término señalando «segundas intenciones». Emilio Blanco (2023, pág. 108) especifica: «Reflexa, "cautela o segunda intención, que se lleva para algún intento" (*Auts.*)».

[33] *Pitón y Apolo*: cuatro días después de nacer, Apolo, para vengar la muerte de su madre Leto, fue al Parnaso y mató a la serpiente Pitón con sus flechas.

[34] Este aforismo ahonda en las diferencias entre el fondo y la forma al desenvolverse en la vida.

[35] *endulza la verdad*: porque la verdad siempre se presenta como dura, «amarga».

[36] *afeita*: hermosea, acicala.

parte en las cosas el cómo, y es tahúr[37] de los gustos el modillo[38]. Un *bel portarse*[39] es la gala del vivir, desempeña singularmente todo buen término.

15

Tener ingenios auxiliares.
Felicidad de poderosos: acompañarse de valientes de entendimiento que le saquen de todo ignorante aprieto, que le riñan las pendencias de la dificultad. Singular grandeza servirse de sabios, y que excede al bárbaro gusto de Tigranes, aquel que afectaba los rendidos reyes para criados[40]. Nuevo género de señorío, en lo mejor del vivir: hacer siervos por arte de los que hizo la naturaleza superiores. Hay mucho que saber, y es poco el vivir; y no se vive si no se sabe[41]. Es, pues, singular destreza el estudiar sin que cueste, y mucho por muchos, sabiendo por todos. Dice después en un consistorio[42] por muchos, o por su boca hablan tantos sabios cuantos le previnieron, consiguiendo el crédito de oráculo a sudor ajeno. Hacen aquellos primero elección de la lección, y sírvenle después

---

[37] *tahúr.* (DRAE) «Jugador fullero».

[38] *modillo*: busca la viveza coloquial del diminutivo. Modo: forma y uso particular de hacer alguna cosa.

[39] *bel portarse*: portarse bien, buen comportamiento; italianismo.

[40] *Tigranes*: según cuenta Tácito en sus *Anales*, Tigranes, tras ser prisionero de los romanos, cuando llegó a ser rey de Armenia, trató (*afectaba*) como esclavos a los reyes o príncipes a los que venció.

[41] Claramente alude a aforismos griegos y latinos, el primero de Hipócrates, y el segundo de Séneca: *Ars longa, vita brevis* («la vida es muy corta para tánto saber que asimilar»); y *Vita sine litteris, mors est* («La vida sin letras, sin saber, es muerte»).

[42] *consistorio*: concejo, reunión, asamblea.

en quintas esencias el saber. Pero el que no pudiere alcanzar a tener la sabiduría en servidumbre, lógrela en familiaridad[43].

16

Saber con recta intención.
Aseguran fecundidad de aciertos. Monstruosa violencia fue siempre un buen entendimiento casado con una mala voluntad. La intención malévola es un veneno de las perfecciones y, ayudada del saber, malea con mayor sutileza: ¡infeliz eminencia la que se emplea en la ruindad! Ciencia sin seso, locura doble[44].

17

Variar de tenor[45] en el obrar.
No siempre de un modo, para deslumbrar la atención, y más si émula. No siempre de primera intención, que le cogerán la uniformidad, previniéndole, y aun frustrándole las acciones. Fácil es de matar al vuelo el ave que le tiene seguido, no así la que le tuerce. Ni siempre de segunda intención, que le entenderán a dos veces la treta. Está a la espera la malicia; gran sutileza es menester para desmentirla. Nunca juega el tahúr la pieza que el contrario presume, y menos la que desea.

---

[43] *en familiaridad*: en la confianza en el trato, en la amistad.

[44] Claramente alude al refrán «la ciencia es locura si buen seso no cura», ya recogido así por Gonzalo Correas en su *Vocabulario de refranes...* (1627).

[45] *tenor*: tono, estilo, forma.

18

Aplicación y minerva[46].

No hay eminencia sin entrambas, y si concurren, exceso. Más consigue una medianía con aplicación que una superioridad sin ella. Cómprase la reputación a precio de trabajo; poco vale lo que poco cuesta. Aun para los primeros empleos se deseó en algunos la aplicación: raras veces desmiente al genio. No ser eminente en el empleo vulgar por querer ser mediano en el sublime, excusa tiene de generosidad; pero contentarse con ser mediano en el último, pudiendo ser excelente en el primero, no la tiene. Requiérense, pues, naturaleza y arte, y sella la aplicación.

19

No entrar con sobrada expectación.

Ordinario desaire de todo lo muy celebrado antes, no llegar después al exceso de lo concebido. Nunca lo verdadero pudo alcanzar a lo imaginado, porque el fingirse las perfecciones es fácil, y muy dificultoso el conseguirlas. Cásase la imaginación con el deseo, y concibe siempre mucho más de lo que las cosas son. Por grandes que sean las excelencias, no bastan a satisfacer el concepto[47], y, como le hallan engañado con la exorbitante expectación, más presto le desengañan que le admiran. La esperanza es gran falsificadora de la verdad: corríjala la cordura, procurando que sea superior la fruición al deseo. Unos principios de crédito sirven de despertar la curiosidad, no de empeñar el objeto. Mejor sale cuando la realidad

---

[46] *minerva*: aunque en Gracián aparece Minerva con mayúscula, por aludir a la diosa romana de la sabiduría, nosotros lo escribimos con minúscula porque significa «mente, inteligencia o capacidad intelectual». Véase el aforismo 34 (*Conocer su realce rey*).

[47] *concepto*: la imagen o idea preconcebida por la imaginación o el entendimiento.

excede al concepto y es más de lo que se creyó. Faltará[48] esta regla en lo malo, pues le ayuda la misma exageración; desmiéntela con aplauso, y aun llega a parecer tolerable lo que se temió extremo de ruin.

20
Hombre en su siglo.

Los sujetos eminentemente raros dependen de los tiempos. No todos tuvieron el que merecían, y muchos, aunque le tuvieron, no acertaron a lograrle. Fueron dignos algunos de mejor siglo, que no todo lo bueno triunfa siempre; tienen las cosas su vez[49], hasta las eminencias son al uso. Pero lleva una ventaja lo sabio, que es eterno; y si este no es su siglo, muchos otros lo serán.

21
Arte para ser dichoso[50].

Reglas hay de ventura[51], que no toda es acasos para el sabio; puede ser ayudada de la industria[52]. Conténtanse algunos con ponerse de buen aire a las puertas de la fortuna y esperan a que ella obre. Mejor otros, pasan adelante y válense de la cuerda audacia, que en alas de su virtud y valor puede dar alcance a la dicha y lisonjearla eficazmente. Pero, bien filosofado, no hay otro arbitrio sino el de

---

[48] *faltará*: fallará, no servirá esta regla.

[49] *su vez*: su momento.

[50] En *El discreto*, el *realce* XXIII («Arte para ser dichoso») lleva el mismo título y trata el mismo tema.

[51] *ventura*: suerte, felicidad.

[52] *industria*: (DRAE) «Maña y destreza o artificio para hacer algo».

la virtud y atención, porque no hay más dicha ni más desdicha que prudencia o imprudencia.

22

Hombre de plausibles noticias[53].
Es munición de discretos la cortesana gustosa erudición: un práctico saber de todo lo corriente, más a lo noticioso, menos a lo vulgar. Tener una sazonada copia[54] de sales en dichos, de galantería en hechos, y saberlos emplear en su ocasión, que salió a veces mejor el aviso en un chiste que en el más grave magisterio. Sabiduría conversable[55] valioles más a algunos que todas las siete[56], con ser tan liberales.

23

No tener algún desdoro,
el sino de la perfección. Pocos viven sin achaque, así en lo moral como en lo natural, y se apasionan por ellos pudiendo curar con facilidad. Lastímase la ajena cordura de que tal vez a una sublime universalidad de prendas se le atreva un mínimo defecto, y basta una nube a eclipsar todo un sol. Son lunares de la reputación, donde para luego, y aun repara, la malevolencia. Suma destreza

---

[53] En *El discreto*, el *realce* V («Hombre de plausibles noticias») lleva el mismo título y trata el mismo tema.

[54] *copia*: (DRAE), en su sentido latino, «Muchedumbre o abundancia de algo».

[55] *sabiduría conversable*: (DRAE) «tratable, sociable, comunicable».

[56] *todas las siete*: se refiere a las siete artes liberales: el *trivium* (gramática, retórica y dialéctica) y el *quadrivium* (aritmética, geometría, astronomía, música).

sería convertirlos en realces[57]. De esta suerte supo César[58] laurear el natural desaire.

24
Templar la imaginación,

unas veces corrigiéndola, otras ayudándola, que es el todo para la felicidad, y aun ajusta la cordura. Da en tirana; ni se contenta con la especulación, sino que obra, y aun suele señorearse de la vida, haciéndola gustosa o pesada, según la necedad en que da, porque hace descontentos o satisfechos de sí mismos. Representa a unos continuamente penas, hecha verdugo casero de necios. Propone a otros felicidades y aventuras con alegre desvanecimiento[59]. Todo esto puede, si no la enfrena la prudentísima sindéresis[60].

---

[57] *realce*: (DRAE) «Lustre, estimación, grandeza sobresaliente». Ya hemos comentado que Gracián los veinticinco capítulos de *El discreto*, los llama *realces*; y los veinte capítulos de *El héroe* los llama *primores*.

[58] *supo César laurear*: Emilio Blanco (2023, pág. 114) comenta que «Romera-Navarro alude al conocido episodio del tropezón de Julio César al desembarcar en África, cuando el romano intenta variar el mal agüero abrazándose al suelo y exclamando: "*Africa, teneo te*". [...] Creo, con Pelegrín (pág. 204), que el "natural desaire", precisamente por ser natural, no puede ser otro que la calvicie del general, que le molestaba y que intentaba disimular y arreglar cuidadosamente».

[59] *desvanecimiento*: (DRAE) «desus. Presunción, vanidad, altanería o soberbia».

[60] *sindéresis*: En *El discreto*, en el *realce* XVII («El hombre en su punto»), Gracián utiliza «sindéresis» con el significado de «juicio, buen sentido»; y en *El héroe*, en el *primor* III, lo utiliza con el mismo significado. Y vuelve a aparecer en el aforismo 96 (*De la gran sindéresis*) con el mismo sentido. En el DRAE: «Discreción, capacidad natural para juzgar rectamente».

25

Buen entendedor[61].

Arte era de artes saber discurrir; ya no basta, menester es adivinar, y más en desengaños. No puede ser entendido[62] el que no fuere buen entendedor. Hay zahoríes del corazón y linces de las intenciones. Las verdades que más nos importan vienen siempre a medio decir; recíbanse del atento a todo entender: en lo favorable, tirante la rienda a la credulidad[63]; en lo odioso, picarla.

26

Hallarle su torcedor[64] a cada uno.

Es el arte de mover voluntades; más consiste en destreza que en resolución: un saber por dónde se le ha de entrar[65] a cada uno. No hay voluntad sin especial afición, y diferentes según la variedad de los gustos. Todos son idólatras: unos de la estimación, otros del interés, y los más del deleite. La maña está en conocer estos ídolos para el motivar, conociéndole a cada uno su eficaz impulso: es

---

[61] *Buen entendedor*: Gracián reduce aún más el refrán «A buen entendedor, pocas palabras».

[62] *entendido*: no con el significado pasivo de «comprendido»; sino como adjetivo: (DRAE): «Sabio, docto, perito, diestro».

[63] *en lo favorable, tirante la rienda a la credulidad; en lo odioso, picarla*: esta frase necesita una aclaración. Nos dice que se deben recibir las verdades del atento adecuadamente; el prudente contiene la credulidad en las cosas favorables (*tirante la rienda a la credulidad*) y la espolea (*picarla*) en las cosas odiosas.

[64] *torcedor*: (DRAE) «Cosa que ocasiona persistente disgusto, mortificación o sentimiento». También, *acial*: «Instrumento para que estén quietas las bestias».

[65] *por dónde se le ha de entrar a cada uno*: saber cuál es el punto débil de cada uno.

como tener la llave del querer ajeno. Hase de ir al primer móvil[66], que no siempre es el supremo, las más veces es el ínfimo, porque son más en el mundo los desordenados que los subordinados. Hásele de prevenir el genio primero, tocarle el verbo después, cargar con la afición, que infaliblemente dará mate al albedrío[67].

27

Pagarse más de intensiones que de extensiones[68].

No consiste la perfección en la cantidad, sino en la calidad. Todo lo muy bueno fue siempre poco y raro, es descrédito lo mucho. Aun entre los hombres, los gigantes suelen ser los verdaderos enanos. Estiman algunos los libros por la corpulencia, como si se escribiesen para ejercitar antes los brazos que los ingenios. La extensión sola nunca pudo exceder de medianía, y es plaga de hombres universales por querer estar en todo, estar en nada. La intensión da eminencia, y heroica si en materia sublime.

28

En nada vulgar.

No en el gusto. ¡Oh, gran sabio el que se descontentaba de que sus cosas agradasen a los muchos! Hartazgos de aplauso común no satisfacen a los discretos. Son algunos tan camaleones de la

---

[66] *primer móvil*: en *primer móbil*, el *Diccionario de autoridades* dice: «Por analogía se llama el principal motor, y como causa de la execución y logro de alguna cosa».

[67] *dará mate al albedrío*: igual que en el ajedrez se da mate al rey, aquí se dará mate a la voluntad.

[68] *Pagarse más de intensiones que de extensiones*: complacerse más en la calidad (intensidad, lo intenso) de algo que en la cantidad (extensión, lo extenso). Uno de los significados de «intensión», aunque poco usado, es «intensidad».

popularidad, que ponen su fruición no en las mareas[69] suavísimas de Apolo, sino en el aliento vulgar. Ni en el entendimiento, no se pague de los milagros del vulgo, que no pasan de espantaignorantes[70], admirando la necedad común cuando desengañando la advertencia singular.

29

Hombre de entereza.

Siempre de parte de la razón, con tal tesón de su propósito, que ni la pasión vulgar, ni la violencia tirana le obliguen jamás a pisar la raya de la razón. Pero ¿quién será este fénix[71] de la equidad?, que tiene pocos finos[72] la entereza. Celébranla muchos, mas no por su casa; síguenla otros hasta el peligro; en él los falsos la niegan,

---

[69] *mareas suavísimas de Apolo*: (DRAE) «Viento blando y suave que sopla del mar». Gracián dice que «algunos tan camaleones de la popularidad, que ponen su fruición no en las mareas», que es lo que debían hacer los camaleones, porque existía la leyenda, tal como aparecía en los bestiarios, de que el camaleón se alimentaba del aire.

[70] *espantaignorantes*: palabra creada por Gracián; ya contaba con muchas similares: espantapájaros, espantamoscas, espantalobos, espantavillanos, etc.

[71] *este fénix*: resalta la singularidad y la rareza del ave fénix.

[72] *pocos finos*: amigos fieles. En *fino*, en su primera acepción, el *Diccionario de autoridades* dice: «Perfecto, puro, y que tiene la bondad y valor intrínseco que corresponde a su especie»; y en su tercera acepción: «Significa también amoroso, seguro, constante y fiel, como amigo fino».

los políticos[73] la disimulan. No repara ella en encontrarse[74] con la amistad, con el poder, y aun con la propia conveniencia, y aquí es el aprieto del desconocerla. Abstraen los astutos con metafísica[75] plausible por no agraviar, o la razón superior, o la de Estado; pero el constante varón juzga por especie de traición el disimulo; préciase más de la tenacidad que de la sagacidad; hállase donde la verdad se halla; y si deja los sujetos, no es por variedad suya, sino de ellos en dejarla primero.

30

No hacer profesión de empleos desautorizados[76],

mucho menos de quimera, que sirve más de solicitar el desprecio que el crédito. Son muchas las sectas del capricho, y de todas ha de huir el varón cuerdo. Hay gustos exóticos, que se casan siempre con todo aquello que los sabios repudian: viven muy pagados de toda singularidad, que, aunque los hace muy conocidos, es más por motivos de la risa que de la reputación. Aun en profesión de sabio no se ha de señalar el atento, mucho menos en aquellas que

---

[73] *los políticos:* «política» (DRAE): «Cortesía y buen modo de portarse», o «Arte o traza con que se conduce un asunto o se emplean los medios para alcanzar un fin determinado». Los políticos y, por su relación directa, la política, en Gracián, según sus estudiosos, son sinónimos de «disimulación », «astucia», «trampa», «mentira», etc. Véanse los aforismos 77 y 108.

[74] *encontrarse:* (DRAE) «desus. Oponerse a alguien, enemistarse con él».

[75] *con metafísica plausible:* los astutos reflexionan con argucias creíbles y elogiables.

[76] *desautorizados:* sin estimación o crédito.

hacen ridículos a sus afectantes[77], ni se especifican, porque las tiene individuadas[78] el común descrédito.

31
Conocer[79] los afortunados, para la elección; y los desdichados, para la fuga.

La infelicidad es de ordinario crimen de necedad, y de participantes: no hay contagión[80] tan apegadiza. Nunca se le ha de abrir la puerta al menor mal, que siempre vendrán tras él otros muchos, y mayores, en celada. La mejor treta del juego es saberse descartar: más importa la menor carta del triunfo que corre que la mayor del que pasó. En duda, acierto es llegarse a los sabios y prudentes, que tarde o temprano topan con la ventura.

32
Estar en opinión de dar gusto.

Para los que gobiernan, gran crédito de agradar: realce de soberanos para conquistar la gracia universal. Esta sola es la ventaja del mandar: poder hacer más bien que todos. Aquellos son amigos que hacen amistades[81]. Al contrario, están otros puestos en no dar

---

[77] *afectantes*: a los que exageran o ponen excesivo cuidado en sus profesiones; es un participio presente, hoy desaparecido.

[78] *individuadas*: señaladas, singularizadas. El *Diccionario de autoridades* dice en *individuar*: «Tratar de cada cosa con singularidad, y en particular».

[79] *conocer*: (DRAE) «Tener trato y comunicación con alguien».

[80] *contagión*: (DRAE) femenino, poco usado, de *contagio* (masculino); por eso, «tan apegadiza».

[81] *amistad*: (DRAE) «Merced, favor».

gusto, no tanto por lo cargoso[82], cuanto por lo maligno, opuestos en todo a la divina comunicabilidad.

33

Saber abstraer[83],

que, si es gran lección del vivir el saber negar, mayor será saberse negar a sí mismo, a los negocios, a los personajes. Hay ocupaciones extrañas[84], polillas[85] del precioso tiempo, y peor es ocuparse en lo impertinente que hacer nada. No basta para atento no ser entremetido, mas es menester procurar que no le entremetan. No ha de ser tan de todos, que no sea de sí mismo. Aun de los amigos no se ha de abusar, ni quiera más de ellos de lo que le concedieren. Todo lo demasiado es vicioso, y mucho más en el trato[86]. Con esta cuerda templanza se conserva mejor el agrado con todos, y la estimación, porque no se roza[87] la preciosísima decencia. Tenga, pues, libertad de genio, apasionado de lo selecto, y nunca peque contra la fe de su buen gusto.

---

[82] *cargoso*: el *Diccionario de autoridades* dice: «Molesto, pesado, gravoso y de considerable desazón y carga».

[83] *abstraer*: separar. En el *Diccionario de autoridades*: «en el uso común de nuestra lengua se toma por separar y dexar a un lado».

[84] *extrañas*: (DRAE) «Raro, singular».

[85] *polillas del precioso tiempo*: ¡qué metáfora tan original!; (DRAE): «Aquello que menoscaba o destruye insensiblemente algo», en su tercera acepción.

[86] *en el trato*: véase el aforismo 177 (*Excusar llanezas en el trato*).

[87] *roza*: (DRAE) «Raer o quitar una parte de la superficie de una cosa», en su cuarta acepción.

34
Conocer su realce[88] rey,

la prenda relevante, cultivando aquella, y ayudando a las demás. Cualquiera hubiera conseguido la eminencia en algo si hubiera conocido su ventaja. Observe el atributo rey y cargue[89] la aplicación: en unos excede el juicio, en otros el valor. Violentan los más su minerva[90], y así en nada consiguen superioridad: lo que lisonjea presto la pasión desengaña tarde el tiempo.

35
Hacer concepto[91],

y más de lo que importa más. No pensando se pierden todos los necios: nunca conciben en las cosas la mitad y, como no perciben el daño o la conveniencia, tampoco aplican la diligencia. Hacen algunos mucho caso de lo que importa poco, y poco de lo que mucho, ponderando siempre al revés. Muchos[92], por faltos de sentido, no

---

[88] *realce*: (DRAE) «Lustre, estimación, grandeza sobresaliente». Ya hemos comentado que Gracián los veinticinco capítulos de *El discreto*, los llama *realces*.

[89] *cargar*: (DRAE), octava acepción, «Aumentar o agravar el peso de algo».

[90] *minerva*: aunque en Gracián aparece Minerva con mayúscula, por aludir a la diosa romana de la sabiduría, nosotros lo escribimos con minúscula porque significa «mente, inteligencia o capacidad intelectual». Véase el aforismo 18 (*Aplicación y minerva*).

[91] *Hacer concepto*: formarse un juicio, una opinión, una idea.

[92] Conceptistas juegos de palabras, tan frecuentes en Gracián: «Hacen algunos mucho caso de lo que importa poco, y poco de lo que mucho» […]. «Muchos, por faltos de sentido, no le pierden». Gonzalo Correas, en su *Vocabulario de refranes…* (1627), recoge: «No pierde el seso sino quien le tiene».

le pierden. Cosas hay que se deberían observar con todo el conato[93] y conservar en la profundidad de la mente. Hace concepto el sabio de todo, aunque con distinción cava donde hay fondo y reparo[94]; y piensa tal vez que hay más de lo que piensa, de suerte que llega la reflexión adonde no llegó la aprehensión[95].

36
Tener tanteada su fortuna[96]:

para el proceder, para el empeñarse. Importa más que la observación del temperamento, que, si es necio el que a cuarenta años llama a Hipócrates para la salud, más el que a Séneca para la cordura. Gran arte saberla regir, ya esperándola, que también cabe la espera en ella, ya lográndola, que tiene vez y contingente[97]; si bien no se le puede coger el tenor, tan anómalo es su proceder. El que la observó favorable prosiga con despejo, que suele apasionarse por los osados; y aun, como bizarra, por los jóvenes. No obre el que

---

[93] *conato*: (DRAE) «Empeño y esfuerzo en la ejecución de algo».

[94] *reparo*: en su cuarta acepción, el *Diccionario de autoridades* dice: «Significa también advertencia, consideración, o reflexión, que se pone en lo que se dice o hace».

[95] *aprehensión*: idea que no está basada en un examen o análisis preliminar. El *Diccionario de autoridades* dice: «Tomar y asir las cosas, retenerlas, y traerlas a sí: lo que con propriedad se entiende de lo que el entendimiento concibe, piensa, imagina y retiene con vehemencia».

[96] En *El héroe*, en los *primores* X («Que el héroe ha de tener tanteada su fortuna al empeñarse») y XI («Que el héroe sepa dejarse, ganado con la fortuna») trata el mismo tema. Véase también el aforismo 38 (*Saberse dejar ganado con la fortuna*).

[97] *contingente*: circunstancial, oportuna.

es infeliz, retírese, ni le dé lugar de dos infelicidades. Adelante el que le predomina[98].

37

Conocer y saber usar de las varillas[99].
Es el punto más sutil del humano trato. Arrójanse para tentativa de los ánimos, y hácese con ellas la más disimulada y penetrante tienta del corazón. Otras hay maliciosas, arrojadizas, tocadas de la hierba de la envidia, untadas del veneno de la pasión: rayos imperceptibles para derribar de la gracia, y de la estimación. Cayeron muchos de la privanza superior e inferior, heridos de un leve dicho de estos, a quienes toda una conjuración de murmuración vulgar y malevolencia singular no fueron bastantes a causar la más leve trepidación. Obran otras, al contrario, por favorables, apoyando y confirmando en la reputación. Pero con la misma destreza con que las arroja la intención las ha de recibir la cautela y esperarlas la atención, porque está librada la defensa en el conocer y queda siempre frustrado el tiro prevenido.

38

Saberse dejar ganando con la fortuna
es de tahúres de reputación. Tanto importa una bella retirada como una bizarra acometida; un poner en cobro las hazañas cuando fueren bastantes, cuando muchas. Continuada felicidad fue siempre sospechosa; más segura es la interpolada, y que tenga algo de agridulce, aun para la fruición. Cuanto más atropellándose las dichas

––––––––––––––––––––

[98] *el que le predomina*: que no se detenga aquel al que la suerte distingue.

[99] *varillas*: Emilio Blanco (2023, pág. 123, nota 208) precisa: «En Gracián, varillas pasa por 'insinuaciones'».Véanse los aforismos 145 (*No descubrir el dedo malo*) y 179 (*La retentiva es el sello de la capacidad*).

corren, mayor riesgo de deslizar y dar al traste con todo. Recompénsase tal vez la brevedad de la duración con la intensión del favor. Cánsase la fortuna de llevar a uno a cuestas tan a la larga.

39

Conocer las cosas en su punto, en su sazón, y saberlas lograr.

Las obras de la naturaleza todas llegan al complemento[100] de su perfección; hasta allí fueron ganando, desde allí perdiendo. Las del arte, raras son las que llegan, al no poderse mejorar. Es eminencia de un buen gusto gozar de cada cosa en su complemento: no todos pueden, ni los que pueden saben. Hasta en los frutos del entendimiento hay ese punto de madurez; importa conocerla[101] para la estimación y el ejercicio.

40

Gracia de las gentes[102].

Mucho es conseguir la admiración común, pero más la afición[103]; algo tiene de estrella[104], lo más de industria; comienza por aquella y prosigue por esta. No basta la eminencia de prendas, aunque se su-

---

[100] *complemento*: (DRAE) en su segunda acepción, «Integridad, perfección o plenitud a que llega algo». Y el *Diccionario de autoridades* dice: «El lleno, cumplimiento y perfección de alguna cosa».

[101] *conocerla*: conocer la madurez.

[102] *Gracia de las gentes*: en *El héroe*, el *primor* XII («Gracia de las gentes») lleva el mismo título y trata el mismo tema. En el aforismo 274 (*Tener la atractiva*) vuelve sobre la misma idea.

[103] *la afición*: el afecto, el cariño.

[104] *de estrella*: de suerte, de hado, de destino.

pone que es fácil de ganar el afecto, ganado el concepto[105]. Requiérese, pues, para la benevolencia, la beneficencia: hacer bien a todas manos, buenas palabras y mejores obras, amar para ser amado. La cortesía es el mayor hechizo político de grandes personajes. Hase de alargar la mano primero a las hazañas y después a las plumas, de la hoja a las hojas[106], que hay gracia de escritores, y es eterna.

41

Nunca exagerar.

Gran asunto de la atención, no hablar por superlativos, ya por no exponerse a ofender la verdad, ya por no desdorar su cordura. Son las exageraciones prodigalidades de la estimación y dan indicio de la cortedad del conocimiento y del gusto. Despierta vivamente a la curiosidad la alabanza, pica el deseo, y después, si no corresponde el valor al aprecio, como de ordinario acontece, revuelve la expectación contra el engaño y despícase[107] en el menosprecio de lo celebrado y del que celebró. Anda, pues, el cuerdo muy detenido, y quiere más pecar de corto que de largo. Son raras las eminencias: témplese la estimación. El encarecer es ramo[108] de mentir, y piérdese en ello el crédito de buen gusto, que es grande, y el de entendido, que es mayor.

---

[105] *concepto*: idea, juicio previo.

[106] *de la hoja a las hojas*: de nuevo el juego de palabras; de la hoja de la espada a las hojas del libro, a la pluma.

[107] *despicarse*: (DRAE) «prnl. Satisfacerse, vengarse de un agravio».

[108] *ramo*: (DRAE) «Cada una de las partes en que se considera dividida una ciencia, arte, industria».

42

Del natural imperio[109].

Es una secreta fuerza de superioridad. No ha de proceder del artificio enfadoso, sino de un imperioso natural. Sujétansele todos sin advertir el cómo, reconociendo el secreto vigor de la connatural autoridad. Son estos genios señoriles, reyes por mérito y leones por privilegio innato, que cogen el corazón, y aun el discurso, a los demás, en fe de su respeto. Si las otras prendas favorecen, nacieron para primeros móviles[110] políticos, porque ejecutan más con un amago que otros con una prolijidad.

43

Sentir con los menos y hablar con los más.

Querer ir contra el corriente es tan imposible al desengaño cuanto fácil al peligro. Solo un Sócrates podría emprenderlo. Tiénese por agravio el disentir, porque es condenar el juicio ajeno. Multiplícanse los disgustados, ya por el sujeto censurado, ya del que lo aplaudía. La verdad es de pocos, el engaño es tan común como vulgar. Ni por el hablar en la plaza se ha de sacar el sabio, pues no habla allí con su voz, sino con la de la necedad común, por más que la esté desmintiendo su interior. Tanto huye de ser contradicho el cuerdo como de contradecir: lo que es pronto a la censura es detenido a la publicidad de ella. El sentir es libre, no se puede ni debe violentar; retírase al sagrado de su silencio; y si tal vez se permite, es a sombra[111] de pocos y cuerdos.

---

[109] *Del natural imperio*: en *El héroe*, el *primor* XIV («Del natural imperio») lleva el mismo título y trata el mismo tema.

[110] *móvil* (DRAE) «Aquello que mueve material o moralmente algo».

[111] *a sombra*: al amparo.

44

Simpatía con los grandes varones.

Prenda es de héroe el combinar con héroes: prodigio de la naturaleza por lo oculto y por lo ventajoso. Hay parentesco de corazones,
y de genios, y son sus efectos los que la ignorancia vulgar achaca[112]
bebedizos. No para en sola estimación, que adelanta benevolencia,
y aun llega a propensión[113]: persuade sin palabras, y consigue sin
méritos. Hayla activa, y la hay pasiva; una y otra felices, cuanto
más sublimes. Gran destreza el conocerlas, distinguirlas y saberlas
lograr, que no hay porfía que baste sin este favor secreto.

45

Usar, no abusar, de las reflejas[114].

No se han de afectar, menos dar a entender. Toda arte se ha de
encubrir, que es sospechosa, y más la de cautela, que es odiosa.
Úsase mucho el engaño; multiplíquese el recelo, sin darse a conocer, que ocasionaría la desconfianza; mucho desobliga y provoca
a la venganza; despierta el mal que no se imaginó. La reflexión en
el proceder es gran ventaja en el obrar: no hay mayor argumento
del discurso. La mayor perfección de las acciones está afianzada del
señorío con que se ejecutan.

---

[112] Achaca a bebedizos.

[113] *propensión*: (*Dic. auts.*) «La inclinación de alguna persona o cosa a su naturaleza
o genio».

[114] *reflejas*: Gracián emplea con frecuencia este término señalando «segundas
intenciones». Véase el aforismo 13.

46

Corregir su antipatía.

Solemos aborrecer de grado[115], y aun antes de las previstas prendas[116]. Y tal vez se atreve esta innata vulgarizante aversión a los varones eminentes. Corríjala la cordura, que no hay peor descrédito que aborrecer a los mejores: lo que es de ventaja la simpatía con héroes es de desdoro la antipatía.

47

Huir los empeños[117].

Es de los primeros asuntos de la prudencia. En las grandes capacidades siempre hay grandes distancias hasta los últimos trances: hay mucho que andar de un extremo a otro, y ellos siempre se están en el medio de su cordura; llegan tarde al rompimiento[118], que es más fácil hurtarle el cuerpo a la ocasión[119] que salir bien de ella. Son tentaciones de juicio, más seguro el huirlas que el vencerlas. Trae un empeño otro mayor, y está muy al canto del despeño[120].

---

[115] *de grado*: arbitrariamente, sin fundamento.

[116] *antes de las previstas prendas*: antes de juzgar, antes de descubrir las perfecciones o cualidades (*prendas*) de alguien.

[117] *huir algo*: uso transitivo del verbo «huir»; entonces se utilizaba en algunos casos. *Empeños*: temas, asuntos delicados, problemáticos.

[118] *romper*: (DRAE) acepción 19: «Resolverse a la ejecución de algo en que se hallaba dificultad».

[119] *ocasión*: (DRAE) «peligro». Es más fácil sortear el peligro que escapar airoso de él.

[120] *despeño*: (DRAE) «Ruina y perdición». *Canto*: (DRAE) «Extremidad o lado de cualquier parte o sitio». Al borde de la perdición.

Hay hombres ocasionados[121] por genio, y aun por nación, fáciles de meterse en obligaciones; pero el que camina a la luz de la razón siempre va muy sobre el caso: estima por más valor el no empeñarse que el vencer, y ya que haya un necio ocasionado, excusa que con él no sean dos.

48

Hombre con fondos[122], tanto tiene de persona.

Siempre ha de ser otro tanto más lo interior que lo exterior en todo. Hay sujetos de sola fachata[123], como casas por acabar, porque faltó el caudal: tienen la entrada de palacio, y de choza la habitación. No hay en estos donde parar, o todo para, porque, acabada la primera salutación, acabó la conversación. Entran por las primeras cortesías como caballos sicilianos, y luego paran en silenciarios[124], que se agotan las palabras donde no hay perennidad de concepto. Engañan estos fácilmente a otros, que tienen también la vista superficial; pero no a la astucia, que, como mira por dentro, los halla vaciados para ser fábula de los discretos[125].

---

[121] *ocasionado*: (DRAE) «Provocativo, molesto y mal acondicionado; que por su naturaleza y genio da fácilmente causa a desazones y riñas».

[122] *fondo*: (DRAE) «Parte principal y esencial de algo, en contraposición a la forma»; también, hondura, parte interior de un edificio.

[123] *fachata*: fachada. Claramente se trata de un italianismo. También aparece en el aforismo 293.

[124] *silenciario*: (DRAE) «Que guarda y observa continuo silencio». Y en su segunda acepción «persona destinada para cuidar del silencio o la quietud de la casa o el templo».

[125] Todos los comentaristas indican que se refiere a la fábula XLIII de Esopo, «La zorra y la careta vacía»: «¡Hermosa cabeza! Pero qué lástima que no tiene sesos». No te llenes de apariencias vacías. Llénate mejor siempre de buen juicio.

49

Hombre juicioso y notante[126].

Señoréase él de los objetos, no los objetos de él. Sonda luego el fondo de la mayor profundidad; sabe hacer anotomía de un caudal[127] con perfección. En viendo un personaje, le comprende y lo censura por esencia. De raras observaciones, gran descifrador de la más recatada interioridad. Nota acre[128], concibe sutil, infiere juicioso: todo lo descubre, advierte, alcanza y comprende.

50

Nunca perderse el respeto a sí mismo,

ni se roce consigo a solas. Sea su misma entereza norma propia de su rectitud, y deba más a la severidad de su dictamen que a todos los extrínsecos preceptos. Deje de hacer lo indecente más por el temor de su cordura que por el rigor de la ajena autoridad. Llegue a temerse, y no necesitará del ayo imaginario[129] de Séneca.

---

[126] *notante*: observador, que advierte bien las cosas; es un participio presente, hoy desaparecido. También aparece en el aforismo 273. En *El discreto*, el *realce* XIX («Hombre juicioso y notante») lleva el mismo título y trata el mismo tema.

[127] *caudal*: además de «cantidad de agua» y «hacienda, bienes de cualquier especie», en el *Diccionario de autoridades*: «Se toma también por capacidad, juicio y entendimiento, adornado y enriquecido de sabiduría».

[128] *nota acre*: observa vehementemente, con rigurosidad.

[129] Se refiere a la propia conciencia.

51
Hombre de buena elección[130].

Lo más se vive de ella. Supone el buen gusto y el rectísimo dictamen, que no bastan el estudio ni el ingenio. No hay perfección donde no hay delecto[131]; dos ventajas incluye: poder escoger, y lo mejor. Muchos de ingenio fecundo y sutil, de juicio acre, estudiosos y noticiosos también, en llegando al elegir, se pierden; cásanse siempre con lo peor, que parece afectan[132] el errar, y así, este es uno de los dones máximos de arriba.

52
Nunca descomponerse.

Gran asunto de la cordura, nunca desbaratarse: mucho hombre arguye, de corazón coronado, porque toda magnanimidad es dificultosa de conmoverse. Son las pasiones los humores del ánimo, y cualquier exceso en ellas causa indisposición de cordura; y si el mal saliere a la boca, peligrará la reputación. Sea, pues, tan señor de sí y tan grande, que ni en lo más próspero, ni en lo más adverso pueda alguno censurarle perturbado, sí admirarle superior.

---

[130] En *El discreto*, el *realce* X («Hombre de buena elección») lleva el mismo título y trata el mismo tema.

[131] *delecto*: (DRAE) «desus. Orden, elección, discernimiento».

[132] *afectar*: (DRAE), en su undécima acepción, «p. us. Apetecer y procurar algo con ansia o ahínco».

53
Diligente e inteligente[133].

La diligencia ejecuta presto lo que la inteligencia prolijamente piensa. Es pasión de necios la prisa, que, como no descubren el tope, obran sin reparo. Al contrario, los sabios suelen pecar de detenidos, que del advertir nace el reparar. Malogra tal vez la ineficacia de la remisión lo acertado del dictamen. La presteza es madre de la dicha. Obró mucho el que nada dejó para mañana. Augusta empresa, correr a espacio[134].

54
Tener bríos a lo cuerdo.

Al león muerto hasta las liebres le repelan. No hay burlas con el valor: si cede al primero, también habrá de ceder al segundo, y de este modo hasta el último. La misma dificultad habrá de vencer tarde, que valiera más desde luego. El brío del ánimo excede al del cuerpo: es como la espada, ha de ir siempre envainado en su cordura, para la ocasión. Es el resguardo de la persona: más daña el descaecimiento del ánimo que el del cuerpo. Tuvieron muchos prendas eminentes, que, por faltarles este aliento del corazón, parecieron muertos y acabaron sepultados en su dejamiento, que no sin providencia juntó la naturaleza acudida la dulzura de la miel con lo picante del aguijón en la abeja. Nervios y huesos hay en el cuerpo: no sea el ánimo todo blandura.

---

[133] En *El discreto*, el *realce* XXI («Diligente e inteligente») lleva el mismo título y trata el mismo tema.

[134] *correr a espacio*: correr despacio. Se está refiriendo al refrán latino *Festina lente* («apresúrate despacio»), que, además, era una frase predilecta del emperador Augusto.

55
Hombre de espera[135].

Arguye gran corazón, con ensanches de sufrimiento. Nunca apresurarse ni apasionarse. Sea uno primero señor de sí, y lo será después de los otros. Hase de caminar por los espacios del tiempo al centro de la ocasión. La detención prudente sazona los aciertos y madura los secretos. La muleta del tiempo es más obradora que la acerada clava[136] de Hércules. El mismo Dios no castiga con bastón, sino con sazón. Gran decir: «el tiempo y yo, a otros dos[137]». La misma fortuna premia el esperar con la grandeza del galardón.

56
Tener buenos repentes[138].

Nacen de una prontitud feliz. No hay aprietos ni acasos para ella, en fe de su vivacidad y despejo. Piensan mucho algunos para errarlo todo después, y otros lo aciertan todo sin pensarlo antes. Hay

---

[135] En *El discreto*, el *realce* III («Hombre de espera») lleva el mismo título y trata el mismo tema.

[136] *clava*: (DRAE), porra. En el *Diccionario de autoridades*: «Palo largo de más de vara, que poco a poco desde la empuñadura va creciendo en grueso, y remata en una cabeza o porra de bastante cuerpo, llena de puntas de clavos. Por antonomasia se entiende la de Hércules, tan celebrada y famosa».

[137] Gonzalo Correas, en su *Vocabulario de refranes...* (1627), recoge el refrán, añadiendo un comentario: «*El tiempo y yo, para otros dos.* Fue muchas veces repetido por el rey don Felipe II el Prudente, dando a entender lo mucho que uno puede hacer con vida y tiempo».

[138] En *El discreto*, el *realce* XV («Tener buenos repentes») lleva el mismo título y trata el mismo tema.

caudales de antiparístasi[139], que, empeñados, obran mejor: suelen ser monstruos que de pronto todo lo aciertan, y todo lo yerran de pensado; lo que no se les ofrece luego, nunca, ni hay que apelar a después. Son plausibles los prestos, porque arguyen prodigiosa capacidad: en los conceptos, sutileza; en las obras, cordura.

57

Más seguros son los pensados.

Harto presto, si bien[140]. Lo que luego se hace, luego[141] se deshace; mas lo que ha de durar una eternidad, ha de tardar otra en hacerse. No se atiende sino a la perfección y solo el acierto permanece. Entendimiento con fondos[142] logra eternidades. Lo que mucho vale, mucho cuesta, que aun el más precioso de los metales es el más tardo y más grave[143].

58

Saberse atemperar[144].

No se ha de mostrar igualmente entendido con todos, ni se han de emplear más fuerzas de las que son menester. No haya desperdicios,

---

[139] *antiparístasi*: el *Diccionario de autoridades* recoge: «Acción de dos cualidades contrarias, una de las cuales por su oposición excita el vigor de la otra, el frío al calor, lo seco a lo húmedo: como la cal viva, que se enciende echándola agua». También lo recoge el DRAE.

[140] Claramente se refiere al refrán, «Harto presto se hace lo que bien se hace», recogido por Gonzalo Correas, en su *Vocabulario de refranes...* (1627).

[141] *luego*: pronto, rápidamente.

[142] *entendimiento con fondos*: reflexión, inteligencia profunda.

[143] *el más precioso... tardo y el más grave*: el que más tarda en fundirse y el más pesado.

[144] *atemperar*: moderar, templar; y también, acomodar algo a otra cosa.

ni de saber, ni de valer. No echa a la presa el buen cetrero más rapiña de la que ha menester para darle caza. No esté siempre de ostentación, que al otro día no admirará. Siempre ha de haber novedad con que lucir, que quien cada día descubre más mantiene siempre la expectación y nunca llegan a descubrirle los términos de su gran caudal.

59
Hombre de buen dejo[145].

En casa de la Fortuna, si se entra por la puerta del placer, se sale por la del pesar, y al contrario. Atención, pues, al acabar, poniendo más cuidado en la felicidad de la salida que en el aplauso de la entrada. Desaire común es de afortunados tener muy favorables los principios y muy trágicos los fines. No está el punto en el vulgar aplauso de una entrada, que esas todos las tienen plausibles; pero sí en el general sentimiento de una salida, que son raros los deseados. Pocas veces acompaña la dicha a los que salen: lo que se muestra de cumplida con los que vienen, de descortés con los que van.

60
Buenos dictámenes.

Nácense algunos prudentes: entran con esta ventaja de la sindéresis[146] connatural en la sabiduría, y así tienen la mitad andada para los aciertos. Con la edad y la experiencia viene a sazonarse del todo la razón, y llegan a un juicio muy templado. Abominan de todo capricho como de tentación de la cordura, y más en materias de estado,

---

[145] *dejo*: (DRAE) «gusto o sabor que queda de la comida o bebida» y «placer o disgusto que queda después de una acción».Viene a decir que es mejor terminar bien, salir con buen pie, que empezar con aplausos. En *El discreto*, el *realce* XII («Hombre de buen dejo») lleva el mismo título y trata el mismo tema.

[146] *sindéresis*: véase el aforismo 24, allí comentamos este término.

donde por la suma importancia se requiere la total seguridad. Merecen estos la asistencia al gobernalle[147], o para ejercicio o para consejo.

61

Eminencia en lo mejor[148].

Una gran singularidad entre la pluralidad de perfecciones. No puede haber héroe que no tenga algún extremo sublime: las medianías no son asunto[149] del aplauso. La eminencia en relevante empleo saca de un ordinario vulgar y levanta a categoría de raro[150]. Ser eminente en profesión humilde es ser algo en lo poco; lo que tiene más de lo deleitable, tiene menos de lo glorioso. El exceso en aventajadas materias es como un carácter de soberanía: solicita la admiración y concilia el afecto[151].

62

Obrar con buenos instrumentos[152].

Quieren algunos que campee el extremo de su sutileza en la ruindad[153] de los instrumentos: peligrosa satisfacción, merecedora de un fatal cas-

---

[147] *el gobernalle*: el timón de la nave. Parece aludir al «timón del Estado».

[148] En *El héroe*, el *primor* VI («Eminencia en lo mejor») lleva el mismo título y trata el mismo tema.

[149] *asunto*: objeto.

[150] *raro*: (DRAE) «Insigne, sobresaliente o excelente en su línea».

[151] En *El héroe*, en el *primor* VI, dice lo mismo con otras palabras: «Que la eminencia es imán de voluntades, es hechizo del afecto».

[152] *instrumentos*: colaboradores. DRAE: «Cosa o persona de que alguien se sirve para hacer algo o conseguir un fin».

[153] *ruindad*: calidad de ruin, pero con el significado de «pequeño, desmedrado y humilde».

tigo. Nunca la bondad del ministro disminuyó la grandeza del patrón; antes, toda la gloria de los aciertos recae después sobre la causa principal, así como al contrario el vituperio. La fama siempre va con los primeros. Nunca dice: «Aquel tuvo buenos o malos ministros», sino: «Aquel fue buen o mal artífice». Haya, pues, elección, haya examen, que se les ha de fiar una inmortalidad de reputación.

63

Excelencia de primero[154],

y, si con eminencia, doblada. Gran ventaja jugar de mano[155], que gana en igualdad. Hubieran muchos sido fénix[156] en los empleos a no irles otros delante. Álzanse los primeros con el mayorazgo de la fama y quedan para los segundos pleiteados[157] alimentos; por más que suden, no pueden purgar el vulgar achaque de imitación. Sutileza fue de prodigiosos inventar rumbo nuevo para las eminencias, con tal que asegure primero la cordura los empeños. Con la novedad de los asuntos se hicieron lugar los sabios en la matrícula[158] de los heroicos. Quieren algunos más ser primeros en segunda categoría que ser segundos en la primera[159].

[154] La excelencia de ser el primero. En *El héroe*, el *primor* VII («Excelencia de primero») lleva el mismo título y trata el mismo tema

[155] *jugar de mano*: en el juego el primero en orden de los que juegan.

[156] *fénix*: (DRAE) «Persona o cosa exquisita o única en su especie».

[157] *pleiteados alimentos*: el hijo mayor heredaba todos los títulos y bienes (mayorazgo); y los demás hijos debían pleitear con el mayorazgo por los alimentos.

[158] *matrícula*: (DRAE) «Lista oficial en que se inscriben con un fin determinado personas o vehículos».

[159] Es una paráfrasis del refrán: «Más vale ser cabeza de ratón que cola de león». Emilio Blanco (2023, pág. 137) se remonta a Plutarco (*Vida de César*); Julio César

64
Saberse excusar pesares.

Es cordura provechosa ahorrar de disgustos. La prudencia evita muchos: es Lucina[160] de la felicidad, y por eso del contento. Las odiosas nuevas, no darlas, menos recibirlas: hánseles de vedar las entradas, si no es la del remedio. A unos se les gastan los oídos de oír mucho dulce en lisonjas; a otros, de escuchar amargo en chismes; y hay quien no sabe vivir sin algún cotidiano sinsabor, como ni Mitrídates[161] sin veneno. Tampoco es regla de conservarse querer darse a sí un pesar de toda la vida por dar placer una vez a otro, aunque sea el más propio[162]. Nunca se ha de pecar contra la dicha propia por complacer al que aconseja y se queda fuera; y en todo acontecimiento, siempre que se encontraren el hacer placer a otro con el hacerse a sí pesar, es lección de conveniencia que vale más que el otro se disguste ahora que no tú después y sin remedio.

65
Gusto relevante[163].

Cabe cultura en él, así como en el ingenio. Realza la excelencia del entender el apetito del desear, y después la fruición del poseer.

---

afirmaba que prefería ser primero en una aldea que segundo en Roma.

[160] *Lucina*: es la diosa romana de las parturientas.

[161] *Mitrídates sin veneno*: se cuenta que Mitrídates, rey del Ponto, tomaba veneno en pequeñas dosis por temor a ser envenenado por sus enemigos; por ello, cuando envenenó a toda su familia, al ser sitiado por su hijo, no consiguió matarse a sí mismo por estar acostumbrado ya al veneno.

[162] *propio*: cercano, próximo.

[163] En *El héroe*, el *primor* V («Gusto relevante») lleva el mismo título y trata el mismo tema.

Conócese la altura de un caudal por la elevación del afecto. Mucho objeto[164] ha menester para satisfacerse una gran capacidad; así como los grandes bocados[165] son para grandes paladares, las materias sublimes para los sublimes genios. Los más valientes objetos le temen y las más seguras perfecciones desconfían; son pocas las de primera magnitud: sea raro el aprecio. Péganse los gustos con el trato y se heredan con la continuidad: gran suerte comunicar con quien le tiene en su punto. Pero no se ha de hacer profesión de desagradarse de todo, que es uno de los necios extremos, y más odioso cuando por afectación que por destemplanza. Quisieran algunos que criara Dios otro mundo y otras perfecciones para satisfacción de su extravagante fantasía.

66

Atención a que le salgan bien las cosas.
Algunos ponen más la mira en el rigor de la dirección que en la felicidad del conseguir intento[166], pero más prepondera siempre el descrédito de la infelicidad[167] que el abono de la diligencia[168]. El

---

[164] *objeto*: el *Diccionario de autoridades*, en su cuarta acepción, dice: «Se entiende también por la materia o el sujeto de una ciencia: como el objeto de la Teología, que es Dios».

[165] *grandes bocados*: véase el aforismo 102 (*Estómago para grandes bocados de la fortuna*).

[166] *intento*: no con el significado habitual de «intención o propósito»; sino con el sentido del *Diccionario de autoridades*: «El fin o cosa intentada».

[167] *infelicidad*: desgracia, fracaso.

[168] *diligencia*: los medios, las circunstancias para ejecutar algo. Párrafo engorroso; siempre pesa más el desdoro del fracaso que la utilización apropiada de los medios.

que vence no necesita de dar satisfacciones[169]. No perciben los más la puntualidad de las circunstancias, sino los buenos o los ruines sucesos; y así, nunca se pierde reputación cuando se consigue el intento. Todo lo dora un buen fin, aunque lo desmientan los desaciertos de los medios[170]. Que es arte ir contra el arte cuando no se puede de otro modo conseguir la dicha del salir bien.

67

Preferir los empleos plausibles[171].

Las más de las cosas dependen de la satisfacción ajena. Es la estimación para las perfecciones lo que el favonio[172] para las flores: aliento y vida. Hay empleos expuestos a la aclamación universal y hay otros, aunque mayores, en nada expectables[173]; aquellos, por obrarse a vista de todos, captan la benevolencia común; estos, aunque tienen más de lo raro y primoroso, se quedan en el secreto de su imperceptibilidad, venerados, pero no aplaudidos. Entre los príncipes, los vitoriosos son los celebrados, y por eso los reyes de Aragón fueron tan plausibles por guerreros, conquistadores y magnánimos. Prefiera el varón grande los célebres empleos que

---

[169] *satisfacciones*: el que vence no necesita dar explicaciones de su victoria.

[170] *los desaciertos de los medios*: claramente alude a la máxima «el fin justifica los medios».

[171] En *El héroe*, el *primor* VIII («Que el héroe prefiera los empeños plausibles») lleva un título muy parecido y trata el mismo tema.

[172] *favonio*: (DRAE) «Viento que sopla de poniente. U. m. en leng. poét»; y «céfiro (viento suave). U. m. en leng. poét».

[173] *expectables*: aunque significa «ilustres, insignes», Emilio Blanco (2023, pág. 139, nota 324) especifica: «De nuevo con el sentido latino de 'visibles'».

todos perciban y participen todos, y a sufragios[174] comunes quede inmortalizado.

68

Dar entendimiento

es de más primor que el dar memoria, cuanto es más. Unas veces se ha de acordar[175] y otras advertir[176]. Dejan algunos de hacer las cosas que estuvieran en su punto, porque no se les ofrecen; ayude entonces la advertencia amigable a concebir las conveniencias. Una de las mayores ventajas de la mente es el ofrecérsele lo que importa. Por falta de esto dejan de hacerse muchos aciertos. Dé luz el que la alcanza, y solicítela el que la mendiga: aquel con detención, este con atención; no sea más que dar pie[177]. Es urgente esta sutileza cuando toca en utilidad del que despierta. Conviene mostrar gusto, y pasar a más cuando no bastare; ya se tiene el *no*, váyase en busca del *sí* con destreza, que las más veces no se consigue porque no se intenta.

69

No rendirse a un vulgar humor[178].

Hombre grande el que nunca se sujeta a peregrinas impresiones. Es lección de advertencia la reflexión sobre sí: un conocer su dis-

---

[174] *sufragio*: (DRAE) «Obra buena que se aplica por las almas del purgatorio». Quede inmortalizado con las ayudas, obras buenas de todos.

[175] *acordar*: recordar.

[176] *advertir*: aconsejar, prevenir.

[177] *dar pie*: (DRAE) «Ofrecer ocasión o motivo para algo».

[178] En *El discreto*, el *realce* XIV («No rendirse al humor») lleva un título muy parecido y trata el mismo tema.

posición actual y prevenirla, y aun decantarse al otro extremo para hallar, entre el natural y el arte, el fiel de la sindéresis[179]. Principio es de corregirse el conocerse; que hay monstruos de la impertinencia: siempre están de algún humor y varían afectos con ellos; y arrastrados eternamente de esta destemplanza civil[180], contradictoriamente se empeñan. Y no solo gasta la voluntad este exceso, sino que se atreve al juicio, alterando el querer y el entender.

70
Saber negar.
No todo se ha de conceder, ni a todos. Tanto importa como el saber conceder, y en los que mandan[181] es atención urgente. Aquí entra el modo: más se estima el *no* de algunos que el de otros, porque un *no* dorado satisface más que un *sí* a secas. Hay muchos que siempre tienen en la boca el *no*, con que todo lo desazonan. El *no* es siempre el primero en ellos, y, aunque después todo lo vienen a conceder, no se les estima, porque precedió aquella primera desazón. No se han de negar de rondón[182] las cosas: vaya a tragos el desengaño; ni se ha de negar del todo, que sería desahuciar la dependencia. Queden siempre algunas reliquias de esperanza para que templen lo amargo del negar. Llene la cortesía el vacío del favor y suplan las buenas palabras la falta de las obras. El *no* y el *sí* son breves de decir y piden mucho pensar.

---

[179] *sindéresis*: véase el aforismo 24, allí comentamos este término.

[180] *civil*: vulgar, mezquino.

[181] Nos recuerda el refrán «El que no sabe negar no sabe reinar», recogido por Gonzalo Correas en su *Vocabulario de refranes…* (1627).

[182] *de rondón*: sin reparo, de golpe.

71

No ser desigual[183], de proceder anómalo:

ni por natural, ni por afectación. El varón cuerdo siempre fue el mismo en todo lo perfecto, que es crédito de entendido. Dependa en su mudanza de la de las causas y méritos. En materia de cordura, la variedad es fea. Hay algunos que cada día son otros de sí; hasta el entendimiento tienen desigual, cuánto más la voluntad, y aun la ventura. El que ayer fue el blanco de su *sí*, hoy es el negro de su *no*, desmintiendo siempre su propio crédito y deslumbrando[184] el ajeno concepto.

72

Hombre de resolución.

Menos dañosa es la mala ejecución que la irresolución. No se gastan tanto las materias cuando corren como si estancan. Hay hombres indeterminables, que necesitan de ajena premoción[185] en todo; y a veces no nace tanto de la perplejidad del juicio, pues lo tienen perspicaz, cuanto de la ineficacia. Ingenioso suele ser el dificultar, pero más lo es el hallar salida a los inconvenientes. Hay otros que en nada se embarazan, de juicio grande y determinado; nacieron para sublimes empleos, porque su despejada comprensión facilita el acierto y el despacho: todo se lo hallan hecho, que después de haber dado razón a un mundo, le quedó tiempo a uno de estos para otro; y cuando están afianzados de su dicha, se empeñan con más seguridad.

---

[183] En *El discreto*, el *realce* VI («No sea desigual») lleva un título muy parecido y trata el mismo tema.

[184] *deslumbrando*: confundiendo el criterio ajeno.

[185] *premoción*: motivación. DRAE: «en el uso escolástico, moción anterior, que inclina a un efecto u operación».

73
Saber usar del desliz[186].

Es el desempeño de los cuerdos. Con la galantería de un donaire suelen salir del más intrincado laberinto. Hurtásele el cuerpo airosamente con un sonriso[187] a la más dificultosa contienda. En esto fundaba el mayor de los grandes[188] capitanes su valor. Cortés treta del negar, mudar el verbo[189]; ni hay mayor atención que no darse por entendido.

74
No ser intratable.

En lo más poblado están las fieras verdaderas. Es la inaccesibilidad vicio de desconocidos de sí, que mudan los humores con los honores. No es medio a propósito para la estimación comenzar enfadando. ¿Qué es de ver uno de estos monstruos intratables, siempre a punto de su fiereza impertinente? Entran a hablarles los dependientes por su desdicha, como a lidiar con tigres, tan armados de tiento cuanto de recelo. Para subir al puesto, agradaron a todos, y, en estando en él, se quieren desquitar con enfadar a todos. Habiendo de ser de muchos por el empleo, son de ninguno por su aspereza o entono[190]. Cortesano castigo para estos: dejarlos estar, hurtándoles la cordura con[191] el trato.

---

[186] *desliz*: evasiva. Saber usar las evasivas.

[187] *sonriso*: sonrisa.

[188] *el mayor de los grandes capitanes*: se refiere al Gran Capitán, Gonzalo Fernández de Córdoba, al que también ensalza en otras obras.

[189] *mudar el verbo*: cambiar de tema.

[190] *entono*: arrogancia, envanecimiento.

[191] *la cordura con el trato*: la cordura junto con el trato; «con» tiene un valor copulativo: la cordura y el trato.

75
Elegir idea heroica[192],
más para la emulación[193] que para la imitación. Hay ejemplares de grandeza, textos animados de la reputación. Propóngase cada uno en su empleo los primeros, no tanto para seguir, cuanto para adelantarse. Lloró Alejandro[194], no a Aquiles sepultado, sino a sí mismo, aún no bien nacido al lucimiento. No hay cosa que así solicite ambiciones en el ánimo como el clarín de la fama ajena: el mismo que atierra[195] la envidia alienta la generosidad.

76
No estar siempre de burlas[196].
Conócese la prudencia en lo serio, que está más acreditado que lo ingenioso. El que siempre está de burlas nunca es hombre de veras. Igualámoslos a estos con los mentirosos en no darles crédito: a los unos por recelo de mentira, a los otros de su fisga[197]. Nunca

---

[192] *Elegir una idea heroica*: escoger un modelo eminente, excelso. En *El héroe*, el *primor* XVIII («Emulación de ideas») lleva un título muy parecido y trata el mismo tema.

[193] *emulación*: Gracián lo utiliza con el significado de «superación», no de «imitación».

[194] *Lloró Alejandro*: Gracián junta aquí dos anécdotas sobre Julio César. Lloró ante la estatua del Macedonio, porque a su edad Alejandro ya había conquistado el mundo, y él no había hecho nada sobresaliente; y ante la tumba de Aquiles se lamentó de que Homero no le cantara a él.

[195] *atierra* (aterrar): derriba, abate.

[196] En *El discreto*, el *realce* IX («No estar siempre de burlas») lleva el mismo título y trata el mismo tema.

[197] *fisga*: (DRAE) «Burla que con arte se hace de alguien, usando palabras irónicas o acciones disimuladas».

se sabe cuándo hablan en juicio, que es tanto como no tenerle. No hay mayor desaire que el continuo donaire. Ganan otros fama de decidores y pierden el crédito de cuerdos. Su rato ha de tener lo jovial, todos los demás, lo serio.

77
Saber hacerse a todos.
Discreto Proteo[198]: con el docto, docto, y con el santo, santo. Gran arte de ganar a todos, porque la semejanza concilia benevolencia. Observar los genios y templarse al de cada uno; al serio y al jovial, seguirles el corriente, haciendo política[199] transformación: urgente a los que dependen. Requiere esta gran sutileza del vivir un gran caudal; menos dificultosa al varón universal de ingenio en noticias y de genio en gustos.

78
Arte en el intentar.
La necedad siempre entra de rondón, que todos los necios son audaces[200]. Su misma simplicidad, que les impide primero la advertencia para los reparos, les quita después el sentimiento para

---

[198] *Proteo*: personaje mitológico con la facultad de cambiar de forma a su antojo. Por ello, «proteico»: el que cambia de formas o de ideas.

[199] *política*: (DRAE) «Cortesía y buen modo de portarse», o «Arte o traza con que se conduce un asunto o se emplean los medios para alcanzar un fin determinado». Los políticos y, por su relación directa, la política, en Gracián, según sus estudiosos, son sinónimos de «disimulación», «astucia», «trampa», «mentira», etc. Véanse los aforismos 29 y 108.

[200] Nos recuerda el refrán «La ignorancia es muy confiada», recogido por Gonzalo Correas en su *Vocabulario de refranes...* (1627). Hoy se dice más «La ignorancia es muy atrevida».

los desaires; pero la cordura entra con grande tiento. Son sus batidores[201] la advertencia y el recato, ellos van descubriendo para proceder sin peligro. Todo arrojamiento está condenado por la discreción a despeño, aunque tal vez lo absuelva la ventura. Conviene ir detenido donde se teme mucho fondo: vaya intentando la sagacidad y ganando tierra la prudencia. Hay grandes bajíos[202] hoy en el trato humano: conviene ir siempre calando sonda.

79

Genio genial[203].
Si con templanza, prenda es, que no defecto[204]. Un grano de donosidad todo lo sazona. Los mayores hombres juegan también la pieza del donaire, que concilia la gracia universal; pero guardando siempre los aires a la cordura, y haciendo la salva al decoro. Hacen otros de una gracia atajo al desempeño[205], que hay cosas que se han de tomar de burlas, y, a veces, las que el otro toma más de veras. Indica apacibilidad, garabato[206] de corazones.

---

[201] *batidores*: (DRAE) «Explorador que descubre y reconoce el campo o el camino para ver si está libre de enemigos».

[202] *bajío*: (DRAE) «Dicho de un terreno o lugar: bajo y que tiende, por su situación, a anegarse o empantanarse».

[203] *genial*: placentero, alegre, jovial.

[204] El genio alegre con la cordura, con la templanza sería una cualidad, no un defecto.

[205] Otros hacen de una burla un camino más corto para solucionar un problema.

[206] *garabato*: el *Diccionario de autoridades*, en su segunda acepción, dice: «Se llama también un cierto aire, garbo, brío y gentileza, que suelen tener las mujeres, que, aunque no sean hermosas, les sirve de atractivo».. En el DRAE también aparece con idéntico significado.

80
Atención al informarse.
Vívese lo más de información. Es lo menos lo que vemos; vivimos de fe ajena. Es el oído la puerta segunda de la verdad y principal de la mentira. La verdad ordinariamente se ve, extravagantemente[207] se oye; raras veces llega en su elemento puro, y menos cuando viene de lejos; siempre trae algo de mixta[208], de los afectos por donde pasa; tiñe de sus colores la pasión cuanto toca, ya odiosa, ya favorable. Tira siempre a impresionar: gran cuenta con quien alaba, mayor con quien vitupera. Es menester toda la atención en este punto para descubrir la intención en el que tercia, conociendo de antemano de qué pie[209] se movió. Sea la refleja[210] contraste de lo falto y de lo falso.

81
Usar el renovar su lucimiento.
Es privilegio de fénix[211]. Suele envejecerse la excelencia, y con ella la fama. La costumbre disminuye la admiración, y una mediana novedad suele vencer a la mayor eminencia envejecida. Usar, pues, del renacer en el valor, en el ingenio, en la dicha, en todo: empeñarse con novedades de bizarría, amaneciendo muchas veces

---

[207] *extravagantemente*: raramente, excepcionalmente.

[208] *mixta*: de mezcla. *Mixto*: (DRAE) «Formado por varios elementos que se mezclan para componer otro».

[209] De qué pie cojea.

[210] *refleja*: Gracián emplea con frecuencia este término señalando «segundas intenciones». Véase el aforismo 13.

[211] Es privilegio del ave fénix renovarse, pues resurge de sus cenizas.

como el sol, variando teatros al lucimiento, para que, en el uno la privación, y en el otro la novedad, soliciten aquí el aplauso, si allí el deseo.

82
Nunca apurar, ni el mal, ni el bien.
A la moderación en todo redujo la sabiduría toda un sabio. El sumo derecho se hace tuerto[212], y la naranja que mucho se estruja llega a dar lo amargo. Aun en la fruición nunca se ha de llegar a los extremos. El mismo ingenio se agota si se apura, y sacará sangre por leche el que esquilmare a lo tirano.

83
Permitirse algún venial desliz,
que un descuido suele ser tal vez la mayor recomendación de las prendas. Tiene su ostracismo la envidia, tanto más civil cuanto más criminal. Acusa lo muy perfecto de que peca en no pecar; y por perfecto en todo, lo condena todo. Hácese Argos[213] en buscarle faltas a lo muy bueno, para consuelo siquiera. Hiere la censura, como el rayo, los más empinados realces. Dormite, pues, tal vez Homero[214] y afecte algún descuido en el ingenio o en el valor, pero nunca en la cordura, para sosegar la malevolencia, no reviente ponzoñosa: será como un echar la capa al toro de la envidia para salvar la inmortalidad.

---

[212] Alude al refrán «Derecho apurado, tuerto ha tornado».

[213] *Argos:* en la mitología griega era un gigante con cien ojos.

[214] *Dormite, pues, tal vez Homero:* «*Quandoque bonus dormitat Homerus*» («Alguna vez también se duerme el bueno de Homero»), era una frase de Horacio, alusiva a los errores de los mejores en algo: «Hasta el mejor escribano echa un borrón».

84
Saber usar de los enemigos.

Todas las cosas se han de saber tomar, no por el corte, que ofendan, sino por la empuñadura, que defiendan; mucho más la emulación[215]. Al varón sabio más le aprovechan sus enemigos que al necio sus amigos. Suele allanar una malevolencia montañas de dificultad, que desconfiara de emprenderlas el favor. Fabricáronles a muchos su grandeza sus malévolos. Más fiera es la lisonja que el odio, pues remedia este eficazmente las tachas que aquella disimula. Hace el cuerdo espejo de la ojeriza, más fiel que el de la afición,[216] y previene a la detracción los defectos, o los enmienda, que es grande el recato cuando se vive en frontera de una emulación, de una malevolencia.

85
No ser malilla[217].

Achaque es de todo lo excelente que su mucho uso viene a ser abuso. El mismo codiciarlo todos viene a parar en enfadar a todos. Grande infelicidad ser para nada; no menor querer ser para todo. Vienen a perder estos por mucho ganar, y son después tan aborrecidos cuanto fueron antes deseados. Rózanse de estas malillas en todo género de perfecciones, que, perdiendo aquella primera estimación de raras, consiguen el desprecio de vulgares. El único remedio de todo lo

---

[215] *emulación:* Gracián lo utiliza con el significado de «superación», «rivalidad», no de «imitación». Véase el aforismo 75.

[216] *afición:* el afecto, el cariño.

[217] *malilla:* (DRAE) «Comodín (desus.): persona o cosa que sirve para fines diversos». En *El discreto*, el *realce* XI («No ser malilla») lleva el mismo título y trata el mismo tema.

extremado es guardar un medio en el lucimiento: la demasía ha de estar en la perfección, y la templanza en la ostentación. Cuanto más luce una antorcha, se consume más y dura menos. Escaseces de apariencia se premian con logros de estimación.

86

Prevenir las malas voces[218].

Tiene el vulgo muchas cabezas, y así, muchos ojos para la malicia y muchas lenguas para el descrédito. Acontece correr en él alguna mala voz que desdora el mayor crédito; y, si llegare a ser apodo[219] vulgar, acabará con la reputación. Dásele pie comúnmente con algún sobresaliente desaire, con ridículos defectos, que son plausible materia a sus hablillas, si bien hay desdoros echadizos[220] de la emulación especial a la malicia común; que hay bocas de la malevolencia, y arruinan más presto una gran fama con un chiste que con un descaramiento[221]. Es muy fácil de cobrar la siniestra fama, porque lo malo es muy creíble y cuesta mucho de borrarse[222]. Excuse, pues, el

---

[218] *mala voz*: (DRAE) «Tacha, denuncia o reclamación contra el crédito de alguien o contra la legítima posesión o la libertad de algo».

[219] *apodo*: el *Diccionario de autoridades* dice: «Comparación hecha con gracioso modo, de una cosa a otra por la similitud que tienen entre sí». En el DRAE aparece lo mismo ampliado: «desus. Chiste o dicho gracioso con que se califica a alguien o algo, sirviéndose ordinariamente de una ingeniosa comparación».

[220] *echadizo*: (DRAE) «adj. Enviado con arte y disimulo para rastrear y averiguar algo, o para difundir algún rumor».

[221] *descaramiento*: insolencia, desvergüenza, falta de respeto.

[222] *y cuesta mucho borrarse*: nos recuerda el dicho: «Calumnia, que algo queda».

varón cuerdo estos desaires, contrastando con su atención la vulgar insolencia, que es más fácil el prevenir que el remediar[223].

87
Cultura, y aliño[224].

Nace bárbaro el hombre, redímese de bestia cultivándose. Hace personas la cultura, y más cuanto mayor. En fe de ella pudo Grecia llamar bárbaro a todo el restante universo. Es muy tosca la ignorancia; no hay cosa que más cultive que el saber. Pero aun la misma sabiduría fue grosera, si desaliñada. No solo ha de ser aliñado el entender, también el querer, y más el conversar. Hállanse hombres naturalmente aliñados, de gala interior y exterior, en conceptos y palabras, en los arreos del cuerpo, que son como la corteza, y en las prendas del alma, que son el fruto. Otros hay, al contrario, tan groseros, que todas sus cosas, y tal vez eminencias, las deslucieron con un intolerable bárbaro desaseo.

88
Sea el trato por mayor[225],

procurando la sublimidad en él. El varón grande no debe ser menudo en su proceder. Nunca se ha de individuar mucho en las cosas, y menos en las de poco gusto; porque, aunque es ventaja notarlo todo al descuido, no lo es quererlo averiguar todo de propósito.

---

[223] Es claro el refrán: «Más vale prevenir que curar». Gonzalo Correas, en su *Vocabulario de refranes…* (1627), lo recoge así: «Más vale prevenir el mal con tiempo que, después de venido, buscar el remedio».

[224] *aliño*: el *Diccionario de autoridades* dice: «Composición, aderezo, adorno, aseo». En *El discreto*, el *realce* XVIII («De la cultura y aliño») trata el mismo tema; y, anteriormente, en el aforismo 12, *Naturaleza y arte; materia y obra*, ya reflexiona sobre el mismo asunto.

[225] *por mayor*: al por mayor; es decir, en cantidad grande, con grandeza.

Hase de proceder de ordinario con una hidalga generalidad, ramo de galantería. Es gran parte del regir el disimular[226]. Hase de dar pasada a las más de las cosas, entre familiares, entre amigos, y más entre enemigos. Toda nimiedad es enfadosa y, en la condición, pesada. El ir y venir a un disgusto es especie de manía; y comúnmente tal será el modo de portarse cada uno, cual fuere su corazón y su capacidad.

89

Comprensión de sí:
en el genio, en el ingenio; en dictámenes, en afectos. No puede uno ser señor de sí si primero no se comprende. Hay espejos del rostro, no los hay del ánimo[227]: séalo la discreta reflexión sobre sí. Y cuando se olvidare de su imagen exterior, conserve la interior para enmendarla, para mejorarla. Conozca las fuerzas de su cordura y sutileza para el emprender; tantee la irascible[228] para el empeñarse. Tenga medido su fondo y pesado su caudal para todo.

90

Arte para vivir mucho:
vivir bien. Dos cosas acaban presto con la vida: la necedad o la ruindad. Perdiéronla unos por no saberla guardar, y otros por no querer. Así como la virtud es premio de sí misma, así el vicio es castigo de sí mismo. Quien vive aprisa en el vicio acaba presto de

---

[226] *disimular:* Gonzalo Correas, en su *Vocabulario de refranes…* (1627), ya recoge el refrán: «No sabe reinar quien no sabe disimular».

[227] En *El héroe,* en el *primor* IX, exclama Gracián: «¡Oh, si hubiera espejos del entendimiento como los hay del rostro!».

[228] *la irascible:* el *Diccionario de autoridades,* en su segunda acepción, dice: «Facultad del hombre, que le inclina a vencer las dificultades que se oponen a la consecución de algún fin».

dos maneras; quien vive aprisa en la virtud nunca muere. Comunícase la entereza del ánimo al cuerpo, y no solo se tiene por larga la vida buena en la intensión, sino en la misma extensión[229].

91

Obrar[230] siempre sin escrúpulos de imprudencia.

La sospecha de desacierto en el que ejecuta es evidencia ya en el que mira, y más si fuere émulo. Si ya al calor de la pasión escrupulea[231] el dictamen, condenará después, desapasionado, a necedad declarada. Son peligrosas las acciones en duda de prudencia; más segura sería la omisión. No admite probabilidades la cordura: siempre camina al mediodía de la luz de la razón. ¿Cómo puede salir bien una empresa que, aun concebida, la está ya condenando el recelo? Y si la resolución más graduada con el *nemine discrepante[232]* interior suele salir infelizmente, ¿qué aguarda la que comenzó titubeando en la razón y mal agorada[233] del dictamen?

---

[229] Para «intensión» y «extensión», véase el aforismo 27.

[230] Actuar solamente si no hay ninguna desconfianza sobre la prudencia.

[231] *escrupulear:* sí existe; (DRAE) «intr. desus. Formar escrúpulos o dudas». Hoy es más usado «escrupulizar».

[232] *nemine discrepante:* cláusula o ablativo absoluto, «no discrepando nadie», que se utilizaba en la Universidad para indicar la unanimidad de los examinadores al emitir el aprobado de un alumno.

[233] *agorar:* (DRAE) «Predecir, anunciar, generalmente desdichas». ¿Qué dictamen le aguarda a la que empezó con vacilaciones en la razón y con malos agüeros, con malos propósitos?

92
Seso trascendental:

digo en todo. Es la primera y suma regla del obrar y del hablar, más encargada[234] cuanto mayores y más altos los empleos. Más vale un grano[235] de cordura que arrobas de sutileza. Es un caminar a lo seguro, aunque no tan a lo plausible, si bien la reputación de cuerdo es el triunfo de la fama: bastará satisfacer a los cuerdos, cuyo voto es la piedra de toque[236] a los aciertos.

93
Hombre universal,

compuesto de toda perfección, vale por muchos. Hace felicísimo el vivir, comunicando esta fruición a la familiaridad. La variedad con perfección es entretenimiento de la vida. Gran arte la de saber lograr todo lo bueno; y pues le hizo la naturaleza al hombre un compendio de todo lo natural por su eminencia, hágale el arte un universo por ejercicio y cultura del gusto y del entendimiento.

---

[234] *encargada*: recomendada, aconsejada.

[235] En este caso Gonzalo Correas, en su *Vocabulario de refranes...* (1627), nos ofrece: «Más vale onza de sangre que libra de carne»; pero hay otros similares: «Más vale onza de prudencia que arroba de ciencia».

[236] *piedra de toque*: (DRAE) «Aquello que permite calibrar el valor preciso de una cosa».

94
Incomprensibilidad de caudal[237].
Excuse el varón atento sondarle el fondo, ya al saber, ya al valer, si quiere que le veneren todos. Permítase[238] al conocimiento, no a la comprensión. Nadie le averigüe los términos de la capacidad, por el peligro evidente del desengaño. Nunca dé lugar a que alguno le alcance todo: mayores efectos de veneración causa la opinión y duda de adónde llega el caudal de cada uno que la evidencia de él, por grande que fuere.

95
Saber entretener la expectación:
irla cebando siempre. Prometa más lo mucho, y la mejor acción sea envidar[239] de mayores. No se ha de echar todo el resto al primer lance: gran treta es saberse templar, en las fuerzas, en el saber, e ir adelantando el desempeño.

96
De la gran sindéresis[240].
Es el trono de la razón, basa de la prudencia, que en fe de ella cuesta poco el acertar. Es suerte del cielo, y la más deseada por primera y por mejor: la primera pieza del arnés, con tal urgencia que ninguna otra que le falte a un hombre le denomina falto; nótase más su menos. Todas las acciones de la vida dependen de su influencia, y todas solicitan su calificación,

---

[237] En *El héroe*, el *primor* I («Que el héroe practique incomprensibilidades de caudal») lleva un título muy parecido y trata el mismo tema.

[238] *Permítase*: déjese ver.

[239] *envidar*: hacer envite en el juego.

[240] *sindéresis*: véase el aforismo 24 (*Templar la imaginación*); allí comentamos este término. Gracián utiliza «sindéresis» con el significado de «juicio, buen sentido».

que todo ha de ser con seso. Consiste en una connatural propensión a todo lo más conforme a razón, casándose siempre con lo más acertado.

97
Conseguir y conservar la reputación.
Es el usufructo de la fama. Cuesta mucho, porque nace de las eminencias, que son tan raras cuanto comunes las medianías. Conseguida, se conserva con facilidad. Obliga mucho y obra más. Es especie de majestad cuando llega a ser veneración, por la sublimidad de su causa y de su esfera; pero la reputación sustancial es la que valió siempre.

98
Cifrar la voluntad²⁴¹.
Son las pasiones los portillos²⁴² del ánimo. El más práctico saber consiste en disimular²⁴³; lleva riesgo de perder el que juega a juego descubierto. Compita la detención del recatado con la atención del advertido: a linces de discurso, jibias de interioridad²⁴⁴. No se le sepa el gusto, porque no se le prevenga, unos para la contradicción, otros para la lisonja.

---

²⁴¹ *cifrar*: encubrir, codificar, ocultar. En *El héroe*, el *primor* II («Cifrar la voluntad») lleva el mismo título y trata el mismo tema.

²⁴² *portillo*: (DRAE) «Abertura en una muralla, pared o tapia».

²⁴³ Para seguir el concepto de «disimulo» en Gracián, véanse los aforismos 13 («Obrar de intención, ya segunda, y ya primera»), 29 («Hombre de entereza») y 277 («Hombre de ostentación»), entre otros.

²⁴⁴ *jibias de interioridad*: frente a la mirada astuta del lince, el ocultamiento de la tinta de la jibia o sepia.

99
Realidad y apariencia.
Las cosas no pasan por lo que son, sino por lo que parecen. Son raros los que miran por dentro, y muchos los que se pagan de lo aparente. No basta tener razón con cara de malicia[245].

100
Varón desengañado:
cristiano sabio, cortesano filósofo. Mas no parecerlo, menos afectarlo. Está desacreditado el filosofar, aunque el ejercicio mayor de los sabios. Vive desautorizada la ciencia de los cuerdos. Introdújola Séneca en Roma, conservose algún tiempo cortesana,[246] ya es tenida por impertinencia. Pero siempre el desengaño fue pasto de la prudencia, delicias de la entereza.

101
La mitad del mundo se está riendo de la otra mitad, con necedad de todos.
O todo es bueno, o todo es malo, según votos. Lo que este sigue, el otro persigue. Insufrible necio el que quiere regular todo objeto por su concepto. No dependen las perfecciones de un solo agrado: tantos son los gustos como los rostros, y tan varios. No hay defecto sin afecto, ni se ha de desconfiar porque no agraden las cosas a algunos, que no faltarán otros que las aprecien; ni aun el aplauso de estos le sea materia al desvanecimiento, que otros lo condena-

---

[245] *No basta tener razón con cara de malicia*: Gonzalo Correas, en su *Vocabulario de refranes…* (1627), nos ofrece dos refranes seguidos sobre este tema: «No basta ser bueno, sino parecerlo» y «No basta ser una honrada, sino parecerlo en trato y cara».

[246] *cortesana*: en la corte, en los palacios.

rán. La norma de la verdadera satisfacción es la aprobación de los varones de reputación, y que tienen voto en aquel orden de cosas. No se vive de un voto solo, ni de un uso, ni de un siglo.

102

Estómago[247] para grandes bocados[248] de la fortuna.
En el cuerpo de la prudencia no es la parte menos importante un gran buche, que de grandes partes se compone una gran capacidad. No se embaraza con las buenas dichas quien merece otras mayores; lo que es ahíto[249] en unos es hambre en otros. Hay muchos que se les gasta cualquier muy importante manjar por la cortedad de su natural, no acostumbrado ni nacido para tan sublimes empleos; acédaseles[250] el trato y, con los humos[251] que se levantan de la postiza honra, viene a desvanecérseles la cabeza. Corren gran peligro en los lugares altos y no caben en sí porque no cabe en ellos la suerte. Muestre, pues, el varón grande que aún le quedan ensanches para cosas mayores y huya con especial cuidado de todo lo que puede dar indicio de angosto corazón.

---

[247] *estómago*: el *Diccionario de autoridades*, en su segunda acepción, dice: «Metafóricamente se suele usar por valor, resolución»; y en el DRAE, «coloq. Capacidad para tolerar o hacer cosas desagradables. Falta de escrúpulos morales».

[248] *grandes bocados*: véase el aforismo 65 (*Gusto relevante*).

[249] *ahíto*: empacho, indigestión.

[250] *acédaseles*: del verbo «acedarse»: ponerse acedo o agrio algo.

[251] *con los humos que se levantan*: «humo»: vanidad, presunción, altivez; de ahí las expresiones: «tener muchos humos», «bajarle a alguien los humos».

103

Cada uno la majestad en su modo.

Sean todas las acciones, si no de un rey, dignas de tal, según su esfera; el proceder real, dentro de los límites de su cuerda suerte: sublimidad de acciones, remonte[252] de pensamientos. Y en todas sus cosas represente un rey por méritos, cuando no por realidad, que la verdadera soberanía consiste en la entereza de costumbres; ni tendrá que envidiar a la grandeza quien pueda ser norma de ella. Especialmente a los allegados al trono pégueseles algo de la verdadera superioridad, participen antes de las prendas de la majestad que de las ceremonias de la vanidad, sin afectar lo imperfecto de la hinchazón, sino lo realzado de la sustancia.

104

Tener tomado el pulso a los empleos.

Hay su variedad en ellos: magistral conocimiento, y que necesita de advertencia; piden unos valor y otros sutileza. Son más fáciles de manejar los que dependen de la rectitud, y más difíciles los que del artificio. Con un buen natural no es menester más para aquellos; para estos no basta toda la atención y desvelo. Trabajosa ocupación gobernar hombres, y más, locos o necios: doblado seso es menester para con quien no le tiene. Empleo intolerable el que pide todo un hombre, de horas contadas y la materia cierta; mejores son los libres de fastidio juntando la variedad con la gravedad, porque la alternación refresca el gusto. Los más autorizados son los que tienen menos, o más distante, la dependencia; y aquel es el peor que al fin hace sudar en la residencia humana y más en la divina.

---

[252] *remonte*: en el *Diccionario de autoridades*: «La acción de encumbrarse o elevarse».

105
No cansar.

Suele ser pesado el hombre de un negocio[253], y el de un verbo. La brevedad es lisonjera, y más negociante; gana por lo cortés lo que pierde por lo corto. Lo bueno, si breve, dos veces bueno; y aun lo malo, si poco, no tan malo. Más obran quintaesencias que fárragos; y es verdad común que hombre largo[254], raras veces entendido, no tanto en lo material de la disposición cuanto en lo formal del discurso. Hay hombres que sirven más de embarazo que de adorno del universo, alhajas perdidas que todos las desvían. Excuse el discreto el embarazar[255], y mucho menos a grandes personajes, que viven muy ocupados, y sería peor desazonar uno de ellos que todo lo restante del mundo. Lo bien dicho se dice presto.

106
No afectar[256] la fortuna.

Más ofende el ostentar la dignidad[257] que la persona. Hacer del hombre[258] es odioso, bastábale ser envidiado. La estimación se consigue menos cuanto se busca más; depende del respeto ajeno; y así no se la puede tomar uno, sino merecerla de los otros y aguardarla. Los empleos grandes piden autoridad ajustada a su ejercicio, sin

---

[253] Suele ser aburrido, insoportable, el hombre de una sola ocupación y de un solo tema, palabra.

[254] *hombre largo*: hombre locuaz, hablador.

[255] *embarazar.* Impedir, estorbar o retardar algo.

[256] *afectar.* no alardear de la fortuna.

[257] *dignidad.* (DRAE) «Cargo o empleo honorífico y de autoridad».

[258] *Hacer del hombre*: jactarse, presumir de ser hombre importante.

la cual no pueden ejercerse dignamente. Conserve la que merece para cumplir con lo sustancial de sus obligaciones: no estrujarla, ayudarla sí, y todos los que hacen del hacendado[259] en el empleo dan indicio de que no lo merecían y que viene sobrepuesta la dignidad. Si se hubiere de valer, sea antes de lo eminente de sus prendas que de lo adventicio[260]; que hasta un rey se ha de venerar más por la persona que por la extrínseca soberanía.

107
No mostrar satisfacción de sí.
Viva ni descontento, que es poquedad, ni satisfecho, que es necedad. Nace la satisfacción en los más de ignorancia y para en una felicidad necia, que, aunque entretiene el gusto, no mantiene el crédito. Como no alcanza las superlativas perfecciones en los otros, págase de cualquiera vulgar medianía en sí. Siempre fue útil, a más de cuerdo, el recelo, o para prevención de que salgan bien las cosas, o para consuelo cuando salieren mal; que no se le hace de nuevo el desaire de su suerte al que ya se lo temía. El mismo Homero[261] dormita tal vez, y cae Alejandro de su estado y de su engaño. Dependen las cosas de muchas circunstancias; y la que triunfó en un puesto, y en tal ocasión, en otra se malogra; pero la incorregibilidad de lo necio está en que se convirtió en flor la más vana satisfacción y va brotando siempre su semilla.

---

[259] *hacer del hacendado*: presumir de que se tiene mucha hacienda; con el mismo significado que «hacer del hombre».

[260] *adventicio*: extraño, circunstancial. Bienes adventicios: (DRAE) «En el antiguo derecho, bienes que el hijo de familia que estaba bajo la patria potestad adquiría por su trabajo en algún oficio, arte o industria o por fortuna».

[261] Véase el aforismo 83.

108
Atajo para ser persona:

saberse ladear[262]. Es muy eficaz el trato. Comunícanse las costumbres y los gustos. Pégase el genio, y aun el ingenio, sin sentir. Procure, pues, el pronto[263] juntarse con el reportado; y así en los demás genios. Con este conseguirá la templanza sin violencia: es gran destreza saberse atemperar. La alternación de contrariedades[264] hermosea el universo y le sustenta, y si causa armonía en lo natural, mayor en lo moral. Válgase de esta política[265] advertencia en la elección de familiares y de famulares[266], que con la comunicación de los extremos se ajustará un medio muy discreto.

---

[262] *ladear*: (DRAE) «Dicho de una persona o de una cosa: estar al igual de otra». Saber relacionarse.

[263] *el pronto... con el reportado*: la persona de carácter acelerado... con la de carácter moderado.

[264] *contrariedades*: aquí, Gracián utiliza el término muy personalmente: ideas o aspectos opuestos, distintos, contarios.

[265] *política*: (DRAE) «Cortesía y buen modo de portarse», o «Arte o traza con que se conduce un asunto o se emplean los medios para alcanzar un fin determinado». Los políticos y, por su relación directa, la política, en Gracián, según sus estudiosos, son sinónimos de «disimulación», «astucia», «trampa», «mentira», etc. Véanse los aforismos 29 y 77.

[266] *familiares y famulares*: amigos y criados domésticos. *Familiar*: (DRAE) «Persona que tiene trato frecuente y de confianza con alguien». *Fámulo (famular)*: (DRAE) «Criado doméstico».

109

No ser acriminador[267].

Hay hombres de genio fiero, todo lo hacen delito, y no por pasión, sino por naturaleza. A todos condenan; a unos porque hicieron, a otros porque harán. Indica ánimo peor que cruel, que es vil, y acriminan con tal exageración, que de los átomos hacen vigas para sacar los ojos: cómitres[268] en cada puesto, que hacen galera de lo que fuera Elisio[269]; pero, si media la pasión, de todo hacen extremos. Al contrario, la ingenuidad para todo halla salida[270], si no de intención, de inadvertencia.

110

No aguardar a ser sol que se pone.

Máxima es de cuerdos dejar las cosas antes que los dejen. Sepa uno hacer triunfo del mismo fenecer; que tal vez el mismo sol, a buen lucir, suele retirarse a una nube porque no le vean caer, y deja en suspensión de si se puso o no se puso. Hurte el cuerpo a los ocasos para no reventar de desaires; no aguarde a que le vuelvan las espaldas, que le sepultarán vivo para el sentimiento, y muerto para la estimación. Jubila con tiempo el advertido al corredor caballo y no aguarda a que, cayendo, levante la risa en medio la carrera. Rompa

---

[267] *acriminador:* acusador. Acriminar (incriminar): (DRAE) «Acusar de algún crimen o delito». «Exagerar o abultar un delito, culpa o defecto, presentándolo como crimen».

[268] *cómitre:* (DRAE) «Persona que en las galeras vigilaba y dirigía la boga y otras maniobras y a cuyo cargo estaba el castigo de remeros y forzados». «Persona que ejerce su autoridad con excesivo rigor o dureza».

[269] *Elisio:* Elíseo, los Campos Elíseos, el Paraíso.

[270] *salida:* pretexto, excusa, recurso.

el espejo con tiempo y con astucia la belleza, y no con impaciencia
después al ver su desengaño.

111
Tener amigos
es el segundo ser. Todo amigo es bueno y sabio para el amigo.
Entre ellos todo sale bien. Tanto valdrá uno cuanto quisieren los
demás; y para que quieran, se les ha de ganar la boca por el corazón.
No hay hechizo como el buen servicio, y para ganar amistades, el
mejor medio es hacerlas. Depende lo más y lo mejor que tenemos
de los otros. Hase de vivir, o con amigos, o con enemigos. Cada día
se ha de diligenciar uno, aunque no para íntimo, para aficionado[271],
que algunos se quedan después para confidentes, pasando por el
acierto del delecto[272].

112
Ganar la pía afición[273],
que aun la primera y suma causa[274] en sus mayores asuntos la previene y la dispone. Éntrase por el afecto al concepto. Algunos se
fían tanto del valor, que desestiman la diligencia; pero la atención
sabe bien que es grande el rodeo de solos los méritos, si no se ayudan del favor. Todo lo facilita y suple la benevolencia; no siempre
supone las prendas, sino que las pone, como el valor[275], la entereza,

---

[271] *aficionado*: inclinado a alguien o algo.

[272] *delecto*: elección.

[273] *la pía afición*: el amor, la bondad, la benevolencia.

[274] *primera y suma causa*: Dios.

[275] *valor*: mérito.

la sabiduría, hasta la discreción. Nunca ve las fealdades, porque no las querría ver. Nace de ordinario de la correspondencia material en genio, nación[276], parentesco, patria y empleo. La formal es más sublime en prendas, obligaciones, reputación, méritos. Toda la dificultad es ganarla, que con facilidad se conserva. Puédese diligenciar, y saberse valer de ella.

113
Prevenirse en la fortuna próspera para la adversa.
Arbitrio[277] es hacer en el estío la provisión para el invierno, y con más comodidad. Van baratos entonces los favores, hay abundancia de amistades. Bueno es conservar para el mal tiempo, que es la adversidad cara, y falta de todo. Haya retén de amigos y de agradecidos, que algún día hará aprecio de lo que ahora no hace caso. La villanía nunca tiene amigos[278]: en la prosperidad porque los desconoce, en la adversidad la desconocen a ella.

114
Nunca competir.
Toda pretensión con oposición daña el crédito. La competencia tira luego a desdorar, por deslucir. Son pocos los que hacen buena guerra. Descubre la emulación los defectos que olvidó la cortesía.

---

[276] *nación*: nacimiento.

[277] *arbitrio*: (DRAE) «Medio extraordinario que se propone para el logro de algún fin».

[278] Gonzalo Correas, en su *Vocabulario de refranes...* (1627), recoge varios refranes con esta idea: «Cuando el vil enriquece, no conoce hermano ni pariente», «Cuando el villano está en el mulo, ni conoce a Dios ni al mundo», «Cuando el villano no está rico, ni tiene pariente ni amigo».

Vivieron muchos acreditados mientras no tuvieron émulos[279]. El calor de la contrariedad aviva o resucita las infamias muertas, desentierra hediondeces pasadas y antepasadas. Comiénzase la competencia con manifiesto de desdoros, ayudándose de cuanto puede y no debe; y aunque a veces, y las más, no sean armas de provecho las ofensas, hace de ellas vil satisfacción a su venganza y sacude esta con tal aire que hace saltar a los desaires el polvo del olvido. Siempre fue pacífica la benevolencia y benévola la reputación.

115
Hacerse a las malas condiciones de los familiares[280];
así como a los malos rostros: es conveniencia donde tercia dependencia. Hay fieros genios que no se puede vivir con ellos, ni sin ellos. Es, pues, destreza irse acostumbrando, como a la fealdad, para que no se hagan de nuevo[281] en la terribilidad de la ocasión. La primera vez espantan, pero poco a poco se les viene a perder aquel primer horror, y la refleja[282] previene los disgustos, o los tolera.

---

[279] *émulo/emula*: (DRAE) «Competidor o imitador de alguien o de algo, procurando excederlo o aventajarlo»; pero Gracián lo utiliza con mucha frecuencia con el matiz de «Enemigo y contrario de otro, y su competidor», tal como aparece en el *Diccionario de autoridades*; dejando a un lado el aspecto de «imitador».

[280] *familiares*: amigos. *Familiar*: (DRAE) «Persona que tiene trato frecuente y de confianza con alguien».

[281] *no se hagan de nuevo*: (DRAE) «hacerse alguien de nuevas, loc. verb. Dar a entender con afectación y disimulo que no ha llegado a su noticia aquello que le dice otro, siendo cierto que ya lo sabía».

[282] *reflejas*: Gracián emplea con frecuencia este término señalando «segundas intenciones». Véanse los aforismos 13 y 45.

116
Tratar siempre con gente de obligaciones[283]
puede empeñarse con ellos y empeñarlos. Su misma obligación es la mayor fianza de su trato, aun para barajar[284], que obran como quien son, y vale más pelear con gente de bien que triunfar de gente de mal. No hay buen trato con la ruindad, porque no se halla obligada a la entereza; por eso entre ruines nunca hay verdadera amistad, ni es de buena ley la fineza, aunque lo parezca, porque no es en fe de la honra. Reniegue siempre de hombre sin ella, que quien no la estima no estima la virtud; y es la honra el trono de la entereza.

117
Nunca hablar de sí.
O se ha de alabar, que es desvanecimiento, o se ha de vituperar, que es poquedad; y, siendo culpa de cordura en el que dice, es pena de los que oyen. Si esto se ha de evitar en la familiaridad, mucho más en puestos sublimes, donde se habla en común, y pasa ya por necedad cualquier apariencia de ella. El mismo inconveniente de cordura tiene el hablar de los presentes por el peligro de dar en uno de dos escollos: de lisonja, o vituperio.

---

[283] *gente de obligaciones*: gente de conducta recta, de principios. En el *Diccionario de autoridades* aparece: «obligaciones. Usado en plural se toma por las prendas y estimación que debe conservar el hombre honrado, para ser estimado y respetado: y así se dice, faltó a sus obligaciones, es hombre de obligaciones».

[284] *barajar*: (DRAE) «desus. Reñir, altercar o contender con otros».

118
Cobrar fama de cortés,

que basta a hacerle plausible. Es la cortesía la principal parte de
la cultura, especie de hechizo, y así concilia la gracia de todos, así
como la descortesía, el desprecio y enfado universal. Si esta nace
de soberbia, es aborrecible; si de grosería, despreciable. La cortesía
siempre ha de ser más que menos, pero no igual, que degeneraría
en injusticia. Tiénese por deuda entre enemigos para que se vea
su valor. Cuesta poco y vale mucho: todo honrador es honrado[285].
La galantería y la honra tienen esta ventaja: que se quedan, aquella,
en quien la usa; esta, en quien la hace.

119
No hacerse de mal querer.

No se ha de provocar la aversión, que, aun sin quererlo, ella se
adelanta. Muchos hay que aborrecen de balde, sin saber el cómo
ni por qué. Previene la malevolencia a la obligación. Es más eficaz
y pronta para el daño la irascible[286] que la concupiscible[287] para el
provecho. Afectan algunos ponerse mal con todos, por enfadoso
o por enfadado genio; y si una vez se apodera el odio, es, como el

---

[285] Gonzalo Correas, en su *Vocabulario de refranes…* (1627), recoge varios refranes con estas ideas: «Cortesía de boca, gana mucho a poca costa», «Cortesía
de boca, mucho vale, y poco costa», «Honra al bueno por que te honre, y al malo
por que no te deshonre».

[286] *la irascible*: el *Diccionario de autoridades*, en su segunda acepción, dice: «Facultad del hombre, que le inclina a vencer las dificultades que se oponen a la
consecución de algún fin». Coloquialmente, diríamos que aquí está relacionada
con el deseo de venganza. Véase el aforismo 89.

[287] *la concupiscible*: es la potencia del alma que tiende hacia el bien sensible. Tanto
la irascible como la concupiscible son opuestas a la razón.

mal concepto, dificultoso de borrar. A los hombres juiciosos los temen, a los maldicientes aborrecen, a los presumidos asquean, a los fisgones abominan, a los singulares los dejan. Muestre, pues, estimar para ser estimado, y el que quiere hacer casa hace caso.

120

Vivir a lo práctico.

Hasta el saber ha de ser al uso, y donde no se usa, es preciso saber hacer del ignorante[288]. Múdanse a tiempos el discurrir y el gustar: no se ha de discurrir a lo viejo y se ha de gustar a lo moderno. El gusto de las cabezas hace voto en cada orden de cosas. Ese se ha de seguir por entonces, y adelantar a eminencia. Acomódese el cuerdo a lo presente, aunque le parezca mejor lo pasado, así en los arreos[289] del alma como del cuerpo. Solo en la bondad no vale esta regla de vivir, que siempre se ha de practicar la virtud. Desconócese ya, y parece cosa de otros tiempos, el decir verdad, el guardar palabra; y los varones buenos parecen hechos al buen tiempo, pero siempre amados; de suerte que, si algunos hay, no se usan ni se imitan. ¡Oh, grande infelicidad del siglo nuestro, que se tenga la virtud por extraña y la malicia por corriente! Viva el discreto como puede[290], si no como querría. Tenga por mejor lo que le concedió la suerte que lo que le ha negado.

---

[288] Véanse los aforismos 133 (*Antes loco con todos que cuerdo a solas*) y 240 (*Saber usar de la necedad*).

[289] *arreo*: (DRAE) «Atavío, adorno».

[290] Gonzalo Correas, en su *Vocabulario de refranes…* (1627), recoge: «Vivimos como podemos y no como queremos».

121
No hacer negocio del no negocio[291].
Así como algunos todo lo hacen cuento[292], así otros, todo negocio: siempre hablan de importancia[293], todo lo toman de veras, reduciéndolo a pendencia y a misterio. Pocas cosas de enfado se han de tomar de propósito[294], que sería empeñarse sin él. Es trocar los puntos[295] tomar a pechos[296] lo que se ha de echar a las espaldas. Muchas cosas que eran algo, dejándolas, fueron nada; y otras que eran nada, por haber hecho caso de ellas, fueron mucho. Al principio es fácil dar fin a todo, que después no. Muchas veces hace la enfermedad el mismo remedio, ni es la peor regla del vivir el dejar estar.

---

[291] No hacer ocupación, trabajo, del ocio, el «no negocio». Precisamente, en latín, el «negocio» era el *nec otium*, el «no ocio».

[292] *hacer cuento*: no dar importancia a las cosas.

[293] *de importancia*: con importancia, dándose aires de superioridad.

[294] *de propósito*: a propósito, voluntaria y deliberadamente.

[295] *trocar los puntos*: cambiar, equivocar la intención a la hora de hacer algo.

[296] *tomar a pechos*: (DRAE) tomar, o tomarse, alguien a pecho, o a pechos, algo: «locs. verbs. Mostrar mucho interés y empeño». Y juega con la frase: *lo que ha de echar a las espaldas*; es decir, aquello de lo que ha de olvidarse. En el DRAE: «echarse algo a la espalda, o a las espaldas»: «locs. verbs. Despreocuparse de ello».

122
Señorío en el decir y en el hacer[297].

Hácese mucho lugar en todas partes, y gana de antemano el respeto. En todo influye: en el conversar, en el orar[298], hasta en el caminar, y aun el mirar, en el querer. Es gran victoria coger los corazones. No nace de una necia intrepidez, ni del enfadoso entretenimiento[299], sí en una decente autoridad nacida del genio superior y ayudada de los méritos.

123
Hombre desafectado[300].

A más prendas, menos afectación, que suele ser vulgar desdoro de todas. Es tan enfadosa a los demás cuan penosa al que la sustenta, porque vive mártir del cuidado y se atormenta con la puntualidad[301]. Pierden su mérito las mismas eminencias con ella, porque se juzgan nacidas antes de la artificiosa violencia que de la libre naturaleza, y todo lo natural fue siempre más grato que lo artificial. Los afectados son tenidos por extranjeros[302] en lo que afectan; cuanto mejor se hace una cosa se ha de desmentir la industria, porque se vea que se cae de su natural la perfección. Ni por huir la afectación

---

[297] En *El discreto*, el *realce* II («Del señorío en el decir y en el hacer») lleva el mismo título y trata el mismo tema.

[298] *orar*: (DRAE) «p. us. Hablar en público para persuadir y convencer a los oyentes o mover su ánimo».

[299] *entretenimiento*: el *Diccionario de autoridades*, en su tercera acepción, dice: «Se toma también por dilación de alguna cosa, o retardación de ella».

[300] *desafectado*: natural, sencillo, sin afectación.

[301] *puntualidad*: (DRAE) «Cuidado y diligencia en hacer las cosas a su debido tiempo».

[302] *extranjeros*: extraños.

se ha de dar en ella afectando el no afectar. Nunca el discreto se ha de dar por entendido de sus méritos, que el mismo descuido despierta en los otros la atención. Dos veces es eminente el que encierra todas las perfecciones en sí, y ninguna en su estimación; y por encontrada[303] senda llega al término de la plausibilidad.

124

Llegar a ser deseado.

Pocos llegaron a tanta gracia de las gentes, y si de los cuerdos, felicidad. Es ordinaria la tibieza con los que acaban. Hay modos para merecer este premio de afición: la eminencia en el empleo y en las prendas es segura; el agrado, eficaz. Hácese dependencia de la eminencia, de modo que se note que el cargo le hubo menester a él, y no él al cargo; honran unos los puestos, a otros honran. No es ventaja que le haga bueno el que sucedió malo[304], porque eso no es ser deseado absolutamente, sino ser el otro aborrecido.

125

No ser libro verde[305].

Señal de tener gastada la fama propia es cuidar de la infamia ajena. Querrían algunos con las manchas de los otros disimular, si

---

[303] *encontrada senda*: opuesta, contraria senda.

[304] Gonzalo Correas, en su *Vocabulario de refranes...* (1627), recoge seguidos dos refranes con la misma idea: «Malo vendrá que a mí bueno me hará» y «Malo vendrá que bueno me hará».

[305] *No ser libro verde*: según el DRAE, «libro verde» era: «coloq. libro o cuaderno en que se escriben noticias particulares y curiosas de algunos países y personas, y en especial de los linajes, y de lo que tienen de bueno o de malo». Por ello, «el libro verde» era el lugar en que se recogían las faltas, las infamias ajenas (ser cristiano nuevo, etc.); venía a ser un registro de afrentas y deshonores.

no lavar, las suyas; o se consuelan, que es el consuelo de los necios[306]. Huéleles mal la boca a estos, que son los albañares de las
inmundicias civiles. En estas materias, el que más escarba, más se
enloda. Pocos se escapan de algún achaque original, o al derecho, o
al través. No son conocidas las faltas en los poco conocidos. Huya
el atento de ser registro de infamias, que es ser un aborrecido
padrón[307] y, aunque vivo, desalmado.

126
No es necio el que hace la necedad, sino el que, hecha, no la sabe encubrir.

Hanse de sellar[308] los afectos, ¡cuánto más los defectos! Todos los hombres yerran, pero con esta diferencia: que los sagaces desmienten las
hechas, y los necios mienten las por hacer. Consiste el crédito en el
recato, más que en el hecho, que, si no es uno casto, sea cauto[309]. Los
descuidos de los grandes hombres se observan más, como eclipses de
las lumbreras mayores. Sea excepción de la amistad el no confiarla los
defectos; ni aun, si ser pudiese, a su misma identidad[310]. Pero puédese
valer aquí de aquella otra regla del vivir, que es saber olvidar[311].

---

[306] El refrán dice: «Mal de muchos, consuelo de tontos». Gonzalo Correas, en su *Vocabulario de refranes…* (1627), recoge seguidos dos refranes con la misma idea: «Mal de muchos, conhorto (consuelo) es» y «Mal de muchos, gozo es».

[307] *padrón*: registro administrativo de los vecinos de un municipio.

[308] *sellar*: ocultar, disimular.

[309] Gonzalo Correas, en su *Vocabulario de refranes…* (1627), recoge: «Si no eres casto, sé cauto».

[310] *ni aun, si ser pudiese, a su misma identidad*: ni a sí mismo, si se pudiese.

[311] Véase el aforismo 262 (*Saber olvidar*).

127

El despejo[312] en todo.

Es vida de las prendas, aliento del decir, alma del hacer, realce de los mismos realces. Las demás perfecciones son ornato de la naturaleza, pero el despejo lo es de las mismas perfecciones: hasta en el discurrir se celebra. Tiene de privilegio lo más, debe al estudio lo menos, que aun a la disciplina es superior; pasa de facilidad, y adelántase a bizarría; supone desembarazo y añade perfección. Sin él toda belleza es muerta, y toda gracia, desgracia. Es trascendental[313] al valor, a la discreción, a la prudencia, a la misma majestad. Es político atajo en el despacho, y un culto salir de todo empeño.

128

Alteza de ánimo.

Es de los principales requisitos para héroe, porque inflama a todo género de grandeza. Realza el gusto, engrandece el corazón, remonta el pensamiento, ennoblece la condición y dispone la majestad. Dondequiera que se halla, se descuella[314], y aun tal vez, desmentida de la envidia de la suerte, revienta por campear. Ensánchase en la voluntad, ya que en la posibilidad se violente[315]. Reconócenla por fuente la magnanimidad, la generosidad y toda heroica prenda.

---

[312] *despejo*: (DRAE) «Desembarazo, soltura en el trato o en las acciones» y «Claro entendimiento, talento». En *El héroe*, el *primor* XIII («Del despejo») lleva un título similar y trata el mismo tema.

[313] *trascendental*: (DRAE) «Que se comunica o extiende a otras cosas».

[314] *se descuella*: (DRAE) «intr. sobresalir. U. t. c. prnl».

[315] *en la posibilidad se violente*: se engrandece en la voluntad, a pesar de que las ocasiones, las circunstancias la condicionan, la restringen.

129
Nunca quejarse.

La queja siempre trae descrédito. Más sirve de ejemplar de atrevimiento a la pasión que de consuelo a la compasión. Abre el paso a quien la oye para lo mismo; y es la noticia del agravio del primero, disculpa del segundo. Dan pie algunos con sus quejas de las ofensiones[316] pasadas a las venideras, y, pretendiendo remedio o consuelo, solicitan la complacencia, y aun el desprecio. Mejor política es celebrar obligaciones de unos para que sean empeños de otros, y el repetir favores de los ausentes es solicitar los de los presentes, es vender crédito de unos a otros. Y el varón atento nunca publique ni desaires ni defectos, sí estimaciones, que sirven para tener amigos y de contener enemigos.

130
Hacer y hacer parecer.

Las cosas no pasan por lo que son, sino por lo que parecen. Valer y saberlo mostrar es valer dos veces. Lo que no se ve es como si no fuese. No tiene su veneración la razón misma donde no tiene cara de tal. Son muchos más los engañados que los advertidos: prevalece el engaño y júzganse las cosas por fuera. Hay cosas que son muy otras de lo que parecen. La buena exterioridad es la mejor recomendación de la perfección interior.

---

[316] *ofensiones*: agravios, molestias, daños.

131
Galantería de condición[317].

Tienen su bizarría las almas, gallardía del espíritu, con cuyos galantes actos queda muy airoso un corazón. No cabe en todos, porque supone magnanimidad. Primero asunto suyo es hablar bien del enemigo, y obrar mejor. Su mayor lucimiento libra en los lances de la venganza: no se los quita[318], sino que se los mejora, convirtiéndola, cuando más vencedora, en una impensada generosidad. Es política[319] también, y aun la gala de la razón de estado. Nunca afecta vencimientos, porque nada afecta, y cuando los alcanza el merecimiento, los disimula la ingenuidad.

132
Usar del reconsejo[320].

Apelar a la revista[321] es seguridad, y más donde no es evidente la satisfacción; tomar tiempo, o para conceder o para mejorarse: ofrécense nuevas razones para confirmar y corroborar el dictamen. Si

---

[317] En *El discreto*, el *realce* IV («De la galantería») lleva un título similar y trata el mismo tema.

[318] *no se los quita*: no rehúye o evita los «lances de la venganza», sino que los aprovecha para convertirlos en generosidad espontánea e imprevista.

[319] *política*: (DRAE) «Cortesía y buen modo de portarse», o «Arte o traza con que se conduce un asunto o se emplean los medios para alcanzar un fin determinado». Los políticos y, por su relación directa, la política, en Gracián, según sus estudiosos, son sinónimos de «disimulación», «astucia», «trampa», «mentira», etc. Véanse los aforismos 77 y 108.

[320] *reconsejo*: se trata de una creación de Gracián, muy dado a formar palabras utilizando el prefijo «re-». Viene a significar «opinión o consejo reiterado o duplicado».

[321] *revista*: (DRAE) «Segunda vista, o examen hecho con cuidado y diligencia». De nuevo recurre al prefijo «re»; si bien, en este caso, sí existe la palabra

es en materia de dar, se estima más el don en fe de la cordura que en el gusto de la presteza; siempre fue más estimado lo deseado. Si se ha de negar, queda lugar al modo y, para madurar el *no*, que sea más sazonado; y las más veces, pasado aquel primer calor del deseo, no se siente después a sangre fría el desaire del negar. A quien pide aprisa, conceder tarde, que es treta para desmentir la atención.

133

Antes loco con todos que cuerdo a solas,

dicen políticos, que, si todos lo son, con ninguno perderá; y si es sola la cordura, será tenida por locura: tanto importará seguir la corriente. Es el mayor saber a veces no saber, o afectar no saber. Hase de vivir con otros, y los ignorantes son los más. Para vivir a solas, ha de tener o mucho de Dios o todo de bestia[322]. Mas yo moderaría el aforismo, diciendo: antes cuerdo con los más que loco a solas. Algunos quieren ser singulares en las quimeras.

134

Doblar los requisitos de la vida

es doblar el vivir. No ha de ser única la dependencia, ni se ha de estrechar a una cosa sola, aunque singular. Todo ha de ser doblado, y más las causas del provecho, del favor, del gusto. Es trascendente la mutabilidad de la luna, término de la permanencia, y más las cosas que dependen de humana voluntad, que es quebradiza. Valga contra la fragilidad el retén[323], y sea gran regla del arte del vivir doblar las circunstancias del bien y de la comodidad: así como dobló

---

[322] Gonzalo Correas, en su *Vocabulario de refranes…* (1627), recoge: «El hombre que apetece soledad, o tiene mucho de Dios o de bestia brutal».

[323] *retén*: (DRAE) «Repuesto o prevención que se tiene de algo».

la naturaleza los miembros más importantes y más arriesgados, así el arte los de la dependencia.

135

No tenga espíritu de contradicción,

que es cargarse de necedad y de enfado; conjurarse ha contra él, la cordura. Bien puede ser ingenioso el dificultar[324] en todo, pero no se escapa de necio lo porfiado[325]. Hacen estos guerrilla de la dulce conversación, y así son enemigos más de los familiares que de los que no les tratan. En el más sabroso bocado se siente más la espina que se atraviesa; son necios perniciosos, que añaden lo fiera a lo bestia.

136

Ponerse bien en las materias[326],

tomar el pulso luego a los negocios. Vanse muchos, o por las ramas de un inútil discurrir, o por las hojas de una cansada verbosidad, sin topar con la sustancia del caso. Dan cien vueltas rodeando un punto, cansándose y cansando, y nunca llegan al centro de la importancia. Procede de entendimientos confusos, que no se saben desembarazar. Gastan el tiempo y la paciencia en lo que habían de dejar, y después no la hay para lo que dejaron.

---

[324] *dificultar.* (DRAE) «Poner dificultades a las pretensiones de alguien, exponiendo los estorbos que a su logro se oponen».

[325] «Hombre porfiado, necio consumado» es el refrán que recoge Gonzalo Correas, en su *Vocabulario de refranes...* (1627).

[326] Informarse, enterarse bien, hacerse competente completamente en los asuntos, en los negocios, en los conocimientos.

137

Bástese a sí mismo el sabio.
Él se era todas sus cosas, y llevándose a sí lo llevaba todo. Si un amigo universal basta hacer Roma y todo lo restante del universo, séase uno ese amigo de sí propio y podrá vivirse a solas. ¿Quién le podrá hacer falta si no hay ni mayor concepto ni mayor gusto que el suyo? Dependerá de sí solo, que es felicidad suma semejar a la entidad suma[327]. El que puede pasar así a solas nada tendrá de bruto, sino mucho de sabio y todo de Dios.

138

Arte de dejar estar,
y más cuando más revuelta la común mar[328], o la familiar. Hay torbellinos en el humano trato, tempestades de voluntad; entonces es cordura retirarse al seguro puerto del dar vado[329]. Muchas veces empeoran los males con los remedios. Dejar hacer a la naturaleza allí, y aquí a la moralidad. Tanto ha de saber el sabio médico para recetar como para no recetar, y a veces consiste el arte más en el no aplicar remedios. Sea modo de sosegar vulgares torbellinos el alzar mano y dejar sosegar: ceder al tiempo ahora será vencer después. Una fuente con poca inquietud se enturbia, ni se volverá a serenar procurándolo, sino dejándola. No hay mejor remedio de los desconciertos que dejarlos correr, que así caen de sí propios.

---

[327] *la entidad suma*: Dios.

[328] *la común mar; o la familiar*: el mar (la mar) popular, de la sociedad; o el mar de los amigos y familiares.

[329] *vado*: (DRAE) «desus. Tregua, espacio».

139

Conocer el día aciago,

que los hay: nada saldrá bien; y, aunque se varíe el juego, pero no la mala suerte. A dos lances convendrá conocerla y retirarse, advirtiendo si está de día[330] o no lo está. Hasta en el entendimiento hay vez, que ninguno supo a todas horas. Es ventura acertar a discurrir, como el escribir bien una carta. Todas las perfecciones dependen de sazón, ni siempre la belleza está de vez; desmiéntese la discreción a sí misma, ya cediendo, ya excediéndose; y todo para salir bien ha de estar de día. Así como en unos todo sale mal, en otros, todo bien y con menos diligencias. Todo se lo halla uno hecho: el ingenio está de vez, el genio de temple y todo de estrella. Entonces conviene lograrla y no desperdiciar la menor partícula. Pero el varón juicioso no por un azar que vio sentencie definitivamente de malo, ni, al contrario, de bueno, que pudo ser aquello desazón y esto ventura.

140

Topar luego con lo bueno en cada cosa

es dicha del buen gusto. Va luego la abeja a la dulzura para el panal y la víbora, a la amargura para el veneno; así los gustos, unos a lo mejor y otros a lo peor. No hay cosa que no tenga algo bueno, y más si es libro, por lo pensado. Es, pues, tan desgraciado el genio de algunos que entre mil perfecciones toparán con solo un defecto que hubiere, y ese lo censuran y lo celebran: recogedores de las inmun-

---

[330] *si está de día*: si es el día propicio, si está de suerte. En este aforismo emplea varias construcciones con el mismo sentido: «dependen de sazón», «está de vez», «el genio (está) de temple y todo (está) de estrella». Véase el aforismo 196 (*Conocer su estrella*).

dicias de voluntades y de entendimientos, cargando de notas[331], de defectos, que es más castigo de su mal delecto[332] que empleo de su sutileza. Pasan mala vida, pues siempre se ceban de amarguras y hacen pasto de imperfecciones. Más feliz es el gusto de otros que, entre mil defectos, toparán luego con una sola perfección que se le cayó a la ventura[333].

141
No escucharse.
Poco aprovecha agradarse a sí, si no contenta a los demás, y de ordinario castiga el desprecio común la satisfacción particular. Débese[334] a todos el que se paga de sí mismo. Querer hablar y oírse no sale bien; y si hablarse a solas es locura, escucharse delante de otros será doblada. Achaque de señores es hablar con el bordón[335] del «¿digo algo?» y aquel «¿eh?» que aporrea a los que escuchan. A cada razón orejean[336] la aprobación o la lisonja, apurando la cordura. También los hinchados hablan con eco y, como su conversación va

---

[331] *notas*: (DRAE) «Reparo o censura desfavorable que se hace de las acciones y porte de alguien».

[332] *delecto*: (DRAE) «desus. Orden, elección, discernimiento».

[333] *a la ventura*: (DRAE) «Sin determinado objeto ni designio; a lo que depare la suerte».

[334] Juega Gracián con los significados de «deberse» y «pagarse»: aquel que «está pagado de sí mismo» tiene una deuda moral con todos.

[335] *bordón*: (DRAE) «Voz o frase que inadvertidamente y por hábito repite alguien con mucha frecuencia en la conversación»; también, «bordoncillo», «muletilla».

[336] *orejean*: (DRAE) «Dicho de un animal: mover las orejas»; en este caso, asintiendo.

en chapines de entono, a cada palabra solicita el enfadoso socorro del necio «¡bien dicho!».

142

Nunca por tema[337] seguir el peor partido,
porque el contrario se adelantó y escogió el mejor; ya comienza vencido, y así será preciso ceder desairado: nunca se vengará bien con el mal. Fue astucia del contrario anticiparse a lo mejor, y necedad suya oponérsele tarde con lo peor. Son estos porfiados de obra más empeñados que los de palabra, cuanto va más riesgo del hacer al decir. Vulgaridad de temáticos[338], no reparar en la verdad, por contradecir, ni en la utilidad, por litigar[339]. El atento siempre está de parte de la razón, no de la pasión, o anticipándose antes o mejorándose después; que, si es necio el contrario, por el mismo caso mudará de rumbo, pasándose a la contraria parte, con que empeorará de partido. Para echarle de lo mejor es único remedio abrazar lo propio, que su necedad le hará dejarlo y su tema[340] le será despeño.

---

[337] *tema*: obstinación. (DRAE) «Idea fija en que alguien se obstina».

[338] *temáticos*: obstinados, porfiados.

[339] *no reparar en la verdad... litigar*: no se dan cuenta de la verdad por llevar siempre la contraria, ni de la utilidad, por disputar (litigar) continuamente.

[340] *su tema... despeño*: su obstinación le será perdición.

143

No dar en paradojo[341] por huir de vulgar:

los dos extremos son del descrédito. Todo asunto que desdice de la gravedad es ramo[342] de necedad. Lo paradojo es un cierto engaño plausible a los principios, que admira por lo nuevo y por lo picante[343]; pero después con el desengaño del salir tan mal queda muy desairado. Es especie de embeleco y, en materias políticas, ruina de los Estados. Los que no pueden llegar, o no se atreven, a lo heroico por el camino de la virtud echan por lo paradojo, admirando[344] necios y sacando verdaderos a muchos cuerdos. Arguye destemplanza en el dictamen, y por eso tan opuesto a la prudencia; y si tal vez no se funda en lo falso, por lo menos en lo incierto, con gran riesgo de la importancia[345].

144

Entrar con la ajena[346] para salir con la suya

es estratagema del conseguir; aun en las materias del cielo encargan esta santa astucia los cristianos maestros. Es un importante

---

[341] *paradojo*: (DRAE) «Hecho o expresión aparentemente contrarios a la lógica». Y el *Diccionario de autoridades* dice: «Extraño o extravagante en su modo de opinar, o sentir».

[342] *ramo*: (DRAE) «Cada una de las partes en que se considera dividida una ciencia, arte, industria».

[343] *picante*: mordaz, obsceno.

[344] *admirando*: sorprendiendo, causando admiración a alguien.

[345] *importancia*: gravedad, dignidad.

[346] *Entrar con la ajena*: comenzar con la intención, la pretensión, el interés ajeno para terminar saliéndose con su conveniencia. Véase el aforismo 193 (*Atención al que entra con la ajena por salir con la suya*).

disimulo, porque sirve de cebo la concebida utilidad para coger una voluntad: parécele que va delante la suya, y no es más de para abrir camino a la pretensión ajena. Nunca se ha de entrar a lo desatinado, y más donde hay fondo de peligro. También con personas cuya primera palabra suele ser el *no* conviene desmentir el tiro[347], por que[348] no se advierta la dificultad del conceder, mucho más cuando se presiente la aversión. Pertenece este aviso a los de segunda intención, que todos son de la quinta[349] sutileza.

145
No descubrir el dedo malo,

que todo topará allí. No quejarse de él, que siempre sacude la malicia adonde le duele a la flaqueza. No servirá el picarse[350] uno sino de picar el gusto al entretenimiento. Va buscando la mala intención el achaque de hacer saltar: arroja varillas[351] para hallarle el sentimiento, hará la prueba de mil modos hasta llegar al vivo. Nunca el atento se dé por entendido, ni descubra su mal, o personal o heredado, que hasta la fortuna se deleita a veces de lastimar donde más ha de doler. Siempre mortifica en lo vivo; por esto, no se ha de descubrir, ni lo que mortifica, ni lo que vivifica: uno para que se acabe, otro para que dure.

----

[347] *desmentir el tiro*: disimular la intención, el propósito.

[348] *por que*: tiene valor final (para que); por eso, va separado.

[349] *quinta*: tiene valor superlativo: la mayor, la máxima sutileza.

[350] *picarse*: enfadarse, ofenderse.

[351] *varillas*: Emilio Blanco (2023, pág. 123, nota 208) precisa: «En Gracián, varillas pasa por 'insinuaciones'». Véanse los aforismos 37 (*Conocer y saber usar de las varillas*) y 179 (*La retentiva es el sello de la capacidad*).

146
Mirar por dentro[352].

Hállanse de ordinario ser muy otras las cosas de lo que parecían; y la ignorancia que no pasó de la corteza se convierte en desengaño cuando se penetra al interior. La mentira es siempre la primera en todo, arrastra necios por vulgaridad continuada. La verdad siempre llega la última y tarde, cojeando con el tiempo; resérvanle los cuerdos la otra mitad de la potencia que sabiamente duplicó la común madre[353]. Es el engaño muy superficial, y topan luego con él los que lo son. El acierto vive retirado a su interior para ser más estimado de sus sabios y discretos.

147
No ser inaccesible.

Ninguno hay tan perfecto que alguna vez no necesite de advertencia. Es irremediable de necio el que no escucha; el más exento[354] ha de dar lugar al amigable aviso, ni la soberanía ha de excluir la docilidad. Hay hombres irremediables por inaccesibles, que se despeñan porque nadie osa llegar a detenerlos. El más entero[355] ha de tener una puerta abierta a la amistad, y será la del socorro; ha de tener lugar un amigo para poder con desembarazo avisarle, y aun

---

[352] En *El discreto*, en el *realce* I («Genio e ingenio»), Gracián afirma: «Sagaz anatomía (análisis minucioso), mirar las cosas por dentro. Engaña de ordinario la aparente hermosura dorando la fea necedad».

[353] *la común madre*: la madre naturaleza.

[354] *exento*: el *Diccionario de autoridades* dice: «Significa algunas veces libre, desahogado y desembarazado en su modo de vida, y que no tiene vergüenza ni empacho».

[355] *entero*: (DRAE) «Cabal, cumplido, completo, sin falta alguna».

castigarle[356]. La satisfacción le ha de poner en esta autoridad, y el gran concepto de su fidelidad y prudencia. No a todos se les ha de facilitar el respeto, ni aun el crédito; pero tenga en el retrete[357] de su recato un fiel espejo de un confidente a quien deba y estime la corrección en el desengaño.

148
Tener el arte de conversar,
en que se hace muestra de ser persona. En ningún ejercicio humano se requiere más la atención, por ser el más ordinario del vivir. Aquí es el perderse o el ganarse, que, si es necesaria la advertencia para escribir una carta, con ser conversación de pensado y por escrito, ¡cuánto más en la ordinaria, donde se hace examen pronto de la discreción! Toman los peritos el pulso al ánimo en la lengua, y en fe de ella dijo el sabio[358]: «Habla, si quieres que te conozca». Tienen algunos por arte en la conversación el ir sin ella, que ha de ser holgada, como el vestir, entiéndese entre muy amigos; que, cuando es de respeto, ha de ser más sustancial y que indique la mucha sustancia de la persona. Para acertarse se ha de ajustar al genio y al ingenio de los que tercian. No ha de afectar el ser censor de las palabras, que será tenido por gramático, ni menos fiscal de las razones, que le hurtarán todos el trato y le vedarán la comunicación. La discreción en el hablar importa más que la elocuencia.

---

[356] *castigar:* el *Diccionario de autoridades,* en su tercera acepción, afirma: «Vale asimismo reprehender y corregir con consejos y amonestaciones. Tiene poco uso».

[357] *retrete:* (DRAE) «desus. Cuarto pequeño en la casa o habitación, destinado para retirarse».

[358] Se refiere a Sócrates.

149
Saber declinar[359] a otro los males:
tener escudos contra la malevolencia, gran treta de los que gobiernan. No nace de incapacidad, como la malicia piensa, sí de industria superior tener en quien recaiga la censura de los desaciertos y el castigo común de la murmuración. No todo puede salir bien, ni a todos se puede contentar. Haya, pues, un testa[360] de yerros, terrero[361] de infelicidades, a costa de su misma ambición.

150
Saber vender sus cosas.
No basta la intrínseca bondad de ellas, que no todos muerden la sustancia, ni miran por dentro. Acuden los más adonde hay concurso, van porque ven ir a otros. Es gran parte del artificio saber acreditar: unas veces, celebrando, que la alabanza es solicitadora del deseo; otras, dando buen nombre, que es un gran modo de sublimar, desmintiendo siempre la afectación. El destinar para solos los entendidos es picón[362] general, porque todos se lo piensan y, cuando no, la privación espoleará el deseo. Nunca se han de acreditar de fáciles, ni de comunes, los asuntos, que más es vulgarizarlos

---

[359] *declinar*, cargar, desviar: véase el aforismo 187 (*Todo lo favorable obrarlo por sí; todo lo odioso, por terceros*).

[360] *testa de yerros*: Gracián juega con las dos expresiones: *testa de yerros* (cabeza de errores, de equivocaciones) y *testaferro* (persona que presta su nombre en un contrato, pretensión o negocio que en realidad es de otra persona).

[361] *terrero*: (DRAE) «Montón de broza o desechos sacados de una mina»; también, «Objeto o blanco que se pone para tirar a él» y «Montón que en la era se forma con las barreduras del solar de la parva».

[362] *picón*: acicate, reclamo. (DRAE) «Chasco, zumba o burla que se hace a alguien para picarle e incitarle a que ejecute algo».

que facilitarlos; todos pican en lo singular por más apetecible, tanto al gusto como al ingenio.

151

Pensar anticipado:
hoy para mañana, y aun para muchos días. La mayor providencia[363] es tener horas de ella; para prevenidos no hay acasos, ni para apercibidos, aprietos. No se ha de aguardar el discurrir para el ahogo, y ha de ir de antemano; prevenga con la madurez del reconsejo[364] el punto más crudo[365]. Es la almohada sibila muda, y el dormir sobre los puntos vale más que el desvelarse debajo de ellos. Algunos obran, y después piensan: aquello más es buscar excusas que consecuencias. Otros, ni antes ni después. Toda la vida ha de ser pensar para acertar el rumbo: el reconsejo y providencia dan arbitrio de vivir anticipado.

152

Nunca acompañarse con quien le pueda deslucir,
tanto por más cuanto por menos. Lo que excede en perfección excede en estimación. Hará el otro el primer papel siempre, y él el segundo; y si le alcanzare algo de aprecio, serán las sobras de aquel. Campea la luna, mientras una, entre las estrellas; pero en saliendo el sol, o no parece o desaparece. Nunca se arrime a quien le eclipse, sino a quien le realce. De esta suerte pudo parecer hermosa la dis-

---

[363] *providencia*: previsión, previsión.

[364] *reconsejo*: se trata de una creación de Gracián, muy dado a formar palabras utilizando el prefijo «re-». Viene a significar «opinión o consejo reiterado o duplicado». Véase el aforismo 132 (*Usar del reconsejo*).

[365] *punto crudo*: (DRAE) «coloq. Momento preciso en que sucede una cosa».

creta Fabula[366] de Marcial y lució entre la fealdad o el desaliño de sus doncellas. Tampoco ha de peligrar de mal de lado[367], ni honrar a otros a costa de su crédito. Para hacerse, vaya con los eminentes; para hecho, entre los medianos.

153

Huya de entrar a llenar grandes vacíos[368],

y, si se empeña, sea con seguridad del exceso. Es menester doblar el valor para igualar al del pasado. Así como es ardid que el que se sigue sea tal que le haga deseado, así es sutileza que el que acabó no le eclipse. Es dificultoso llenar un gran vacío, porque siempre lo pasado pareció mejor[369]; y aun la igualdad no bastará, porque está en posesión de primero. Es, pues, necesario añadir prendas para echar a otro de su posesión en el mayor concepto.

154

No ser fácil: ni en creer, ni en querer.

Conócese la madurez en la espera de la credulidad: es muy ordinario el mentir, sea extraordinario el creer. El que ligeramente se

---

[366] Se refiere a Fabula, joven que aparece en un epigrama (79, del libro VIII) de Marcial: «Todas tus amigas son viejas o deformes / y más feas que las viejas. / Estas acompañantes las llevas / y las traes por los convites, / por los pórticos, por los teatros. / Así eres tú hermosa, Fabula, así eres joven».

[367] *mal de lado*: mal de costado, las compañías no convenientes que van a nuestro lado.

[368] *grandes vacíos*: importantes cargos vacantes.

[369] Ya Gonzalo Correas, en su *Vocabulario de refranes…* (1627), recoge: «Todo tiempo pasado fue mejor»; y es anterior el verso de Jorge Manrique «cualquiera tiempo pasado fue mejor».

movió hállase después corrido[370]; pero no se ha de dar a entender la duda de la fe ajena, que pasa de descortesía a agravio, porque se le trata al que contesta de engañador o engañado. Y aun no es ese el mayor inconveniente, cuanto que el no creer es indicio del mentir; porque el mentiroso tiene dos males: que ni cree ni es creído. La suspensión del juicio es cuerda en el que oye, y remítase de fe al autor aquel que dice: «También es especie de imprudencia la facilidad en el querer»[371]; que, si se miente con la palabra, también con las cosas, y es más pernicioso este engaño por la obra.

155
Arte en el apasionarse.

Si es posible, prevenga la prudente reflexión la vulgaridad del ímpetu; no le será dificultoso al que fuere prudente. El primer paso del apasionarse es advertir que se apasiona, que es entrar con señorío del afecto, tanteando la necesidad hasta tal punto de enojo, y no más. Con esta superior refleja[372] entre y salga en una ira. Sepa parar bien y a su tiempo, que lo más dificultoso del correr está en el parar. Gran prueba de juicio, conservarse cuerdo en los trances de locura. Todo exceso de pasión degenera de lo racional; pero con esta magistral atención nunca atropellará la razón, ni pisará los términos de la sindéresis[373]. Para saber hacer mal a una pasión es

---

[370] *corrido*: avergonzado.

[371] La frase procede de Cicerón (*De amicitia*), que aconsejaba conocer bien a una persona antes de amarla.

[372] *refleja*: Gracián emplea con frecuencia este término señalando «segundas intenciones». Véanse los aforismos 13, 45, 83 y 115.

[373] *sindéresis*: véase el aforismo 24, allí comentamos este término.

menester ir siempre con la rienda en la atención, y será el primer cuerdo[374] a caballo, si no el último.

156

Amigos de elección,

que lo han de ser a examen de la discreción y a prueba de la fortuna, graduados no solo de la voluntad, sino del entendimiento. Y con ser el más importante acierto del vivir, es el menos asistido del cuidado. Obra el entremetimiento en algunos, y el acaso en los más. Es definido uno por los amigos que tiene[375], que nunca el sabio concordó con ignorantes; pero el gustar de uno no arguye intimidad, que puede proceder más del buen rato de su graciosidad que de la confianza de su capacidad. Hay amistades legítimas y otras adulterinas[376]: estas para la delectación, aquellas para la fecundidad de aciertos. Hállanse pocos de la persona[377], y muchos de la fortuna. Más aprovecha un buen entendimiento de un amigo que muchas buenas voluntades de otros. Haya, pues, elección, y no suerte. Un sabio sabe excusar pesares y el necio amigo los acarrea. Ni desearles mucha fortuna, si no los quiere perder.

---

[374] Gonzalo Correas, en su *Vocabulario de refranes...* (1627), recoge el refrán: «No hay hombre cuerdo a caballo ni colérico con juicio».

[375] Hay muchos refranes que desarrollan esta idea; Gonzalo Correas, en su *Vocabulario de refranes...* (1627), recoge varios seguidos: «Dime con quién andas, direte lo que hablas, o tus mañas», «Dime con quién vas, decirte he qué mañas has», «Dime con quién fueres, direte quién eres», «Dime con quién irás, decirte he lo que harás», «Dime con quién paces, y decirte he qué haces», «Dime con quién tratas, y direte quién eres y qué costumbres tienes».

[376] *adulterino*: (DRAE) «Falso, ilegítimo».

[377] Pocos son los amigos de la persona, y muchos lo son de la suerte.

157

No engañarse en las personas,

que es el peor y más fácil engaño. Más vale ser engañado en el precio que en la mercadería[378]; ni hay cosa que más necesite de mirarse por dentro. Hay diferencia entre el entender las cosas y conocer las personas; y es gran filosofía alcanzar[379] los genios y distinguir los humores[380] de los hombres. Tanto es menester tener estudiados los sujetos como los libros.

158

Saber usar de los amigos.

Hay en esto su arte de discreción: unos son buenos para de lejos, y otros, para de cerca; y el que tal vez no fue bueno para la conversación lo es para la correspondencia. Purifica la distancia algunos defectos que eran intolerables a la presencia. No solo se ha de procurar en ellos conseguir el gusto, sino la utilidad, que ha de tener las tres calidades del bien[381]; otros dicen las del ente: uno, bueno y verdadero[382], porque el amigo es todas las cosas. Son pocos para buenos, y el no saberlos elegir los hace menos. Saberlos conservar es más que el hacerlos amigos. Búsquense tales que hayan de

---

[378] Gonzalo Correas, en su *Vocabulario de refranes…* (1627), recoge el refrán: «Engáñame en el precio, y no en lo que merco».

[379] *alcanzar.* (DRAE) «Saber, entender o comprender algo».

[380] *humor.* (DRAE) «Genio, índole, condición, especialmente cuando se manifiesta exteriormente».

[381] Las tres calidades del bien para Gracián (*El criticón*, 2ª parte) son: la honra, el gusto y el provecho.

[382] Según una sentencia escolástica, el ente *est unum, verum, bonum* («uno, verdadero, bueno»).

durar y, aunque al principio sean nuevos, baste para satisfacción que podrán hacerse viejos. Absolutamente, los mejores, los muy salados[383], aunque se gaste una fanega en la experiencia. No hay desierto como vivir sin amigos. La amistad multiplica los bienes y reparte los males, es único remedio contra la adversa fortuna y un desahogo del alma.

159
Saber sufrir necios.

Los sabios siempre fueron mal sufridos, que quien añade ciencia añade impaciencia. El mucho conocer es dificultoso de satisfacer. La mayor regla del vivir, según Epicteto, es el sufrir, y a esto redujo la mitad[384] de la sabiduría. Si todas las necedades se han de tolerar, mucha paciencia será menester. A veces sufrimos más de quien más dependemos, que importa para el ejercicio del vencerse. Nace del sufrimiento la inestimable paz, que es la felicidad de la tierra. Y el que no se hallare con ánimo de sufrir apele al retiro de sí mismo, si es que aun a sí mismo se ha de poder tolerar.

---

[383] *salados*: de nuevo Gracián juega con dos sentidos de «salado» aplicados a la amistad; en primer lugar, «gracioso, agudo, chistoso; en segundo lugar, «salar algo»: «poner en sal un alimento, como la carne o el pescado, para su conservación». Gonzalo Correas, en su *Vocabulario de refranes...* (1627), recoge el refrán: «No te has de fiar sino de con quien comieres un moyo de sal»; donde «moyo» viene a ser la séptima parte de una fanega.

[384] La frase de Epicteto es *substine et abstine*: soporta el dolor y abstente del placer; pero Gracián solo se queda con la mitad de la sabiduría de Epicteto, «sufrir, soportar el dolor».

160
Hablar de atento[385]:
con los émulos[386] por cautela, con los demás por decencia. Siempre hay tiempo para enviar la palabra, pero no para volverla[387]. Hase de hablar como en testamento, que a menos palabras, menos pleitos. En lo que no importa se ha de ensayar uno para lo que importare. La arcanidad[388] tiene visos de divinidad. El fácil a hablar cerca está de ser vencido y convencido.

161
Conocer los defectos dulces[389].
El hombre más perfecto no se escapa de algunos, y se casa o se amanceba con ellos. Haylos en el ingenio, y mayores en el mayor, o se advierten más. No porque no los conozca el mismo sujeto, sino porque los ama; dos males juntos: apasionarse y por vicios. Son lunares de la perfección, ofenden tanto a los de afuera cuanto a los mismos les suenan bien. Aquí es el gallardo vencerse y dar esta felicidad a los demás realces; todos topan allí y, cuando habían

---

[385] *de atento*: con reflexión, con prudencia.

[386] *émulo*: (DRAE) «Competidor o imitador de alguien o de algo, procurando excederlo o aventajarlo»; pero Gracián lo utiliza con mucha frecuencia con el matiz de «enemigo y contrario de otro, y su competidor», tal como aparece en el *Diccionario de autoridades*; dejando a un lado el aspecto de «imitador».

[387] Gonzalo Correas, en su *Vocabulario de refranes...* (1627), recoge tres refranes con esta idea: «Palabra echada, mal puede ser retornada», «Palabra que sale de la boca, nunca más torna», y «Palabra y piedra suelta, no tiene vuelta».

[388] *arcanidad*: lo que es secreto, muy reservado y de importancia tiene apariencia de divino.

[389] *dulce*: (DRAE) «Grato, gustoso y apacible».

de celebrar lo mucho bueno que admiran, se detienen donde reparan[390], afeando aquello por desdoro de las demás prendas.

162

Saber triunfar de la emulación y malevolencia.
Poco es ya el desprecio, aunque prudente; más es la galantería. No hay bastante aplauso a un decir bien del que dice mal. No hay venganza más heroica que con méritos y prendas, que vencen y atormentan a la envidia: cada felicidad es un apretón de cordeles[391] al mal afecto, y es un infierno del émulo la gloria del emulado. Este castigo se tiene por el mayor: hacer veneno de la felicidad. No muere de una vez el envidioso, sino tantas cuantas vive a voces de aplausos el envidiado, compitiendo la perennidad de la fama del uno con la penalidad del otro. Es inmortal este para sus glorias y aquel para sus penas. El clarín de la fama, que toca a inmortalidad al uno, publica muerte para el otro, sentenciándole al suspendio[392] de tan envidiosa suspensión.

163

Nunca por la compasión del infeliz se ha de incurrir
en la desgracia del afortunado.
Es desventura para unos la que suele ser ventura para otros, que no fuera uno dichoso si no fueran muchos otros desdichados. Es

---

[390] *reparar*: mirar con cuidado, advertir algún defecto.

[391] *cordeles*: existía el «tormento de cuerda»: (DRAE) «Tormento que consistía en atar al reo con ligaduras que se iban apretando por vueltas de una rueda, hasta que confesase o corriese gran peligro su vida».

[392] *al suspendio de tan envidiosa suspensión*: a la horca de tan envidiosa ansiedad («suspensión»). *Suspendio* es un latinismo (*suspendium*: acción de ahorcarse).

propio de infelices conseguir la gracia de las gentes, que quiere recompensar esta con su favor inútil los disfavores de la fortuna; y viose tal vez que el que en la prosperidad fue aborrecido de todos, en la adversidad compadecido de todos: trocose la venganza de ensalzado en compasión de caído. Pero el sagaz atienda al barajar de la suerte. Hay algunos que nunca van sino con los desdichados, y ladean[393] hoy por infeliz al que huyeron ayer por afortunado. Arguye tal vez nobleza del natural, pero no sagacidad.

164
Echar al aire[394] algunas cosas,
para examinar la aceptación, un ver cómo se reciben, y más las sospechosas de acierto y de agrado. Asegúrase el salir bien, y queda lugar o para el empeño o para el retiro. Tantéanse las voluntades de esta suerte, y sabe el atento dónde tiene los pies: prevención máxima del pedir, del querer y del gobernar.

165
Hacer buena guerra[395].
Puédenle obligar al cuerdo a hacerla, pero no mala; cada uno ha de obrar como quien es, no como le obligan. Es plausible la galantería en la emulación. Hase de pelear no solo para vencer en el poder, sino en el modo. Vencer a lo ruin no es victoria, sino rendimiento. Siempre fue superioridad la generosidad. El hombre de bien nunca se vale de armas vedadas, y sonlo las de la amistad acabada para el odio comenzado, que no se ha de valer de la confianza para la ven-

---

[393] *ladear*: (DRAE) «Andar o ponerse al lado de alguien».

[394] *echar al aire*: difundir algo para tantear su grado de aceptación.

[395] No jugar sucio, practicar «el juego limpio», sin trampas ni engaños.

ganza; todo lo que huele a traición inficiona[396] el buen nombre. En personajes obligados[397] se extraña más cualquier átomo de bajeza; han de distar mucho la nobleza de la vileza. Préciese de que, si la galantería, la generosidad y la fidelidad se perdiesen en el mundo, se habían de buscar en su pecho.

166
Diferenciar el hombre de palabras del de obras.
Es única precisión, así como la del amigo, de la persona o del empleo, que son muy diferentes. Malo es, no teniendo palabra buena, no tener obra mala; peor, no teniendo palabra mala, no tener obra buena[398]. Ya no se come de palabras, que son viento, ni se vive de cortesías, que es un cortés engaño. Cazar las aves con luz es el verdadero encandilar. Los desvanecidos[399] se pagan del viento; las palabras han de ser prendas de las obras, y así han de tener el valor. Los árboles que no dan fruto, sino hojas, no suelen tener corazón. Conviene conocerlos, unos para provecho, otros para sombra.

---

[396] *inficionar:* infectar.

[397] *personajes obligados:* véase el aforismo 116 (*Tratar siempre con gente de obligaciones*): gente de conducta recta, de principios.

[398] Juego de palabras muy propio de Gracián. Gonzalo Correas, en su *Vocabulario de refranes...* (1627), recoge algunos refranes con esta idea: «Palabras de santo y uñas de gato», o «Palabras dulces y melosas, a las veces traen ruines obras».

[399] *desvanecer:* (DRAE) «desus. Inducir a presunción y vanidad»; es decir, los presuntuosos.

167
Saberse ayudar.

No hay mejor compañía en los grandes aprietos que un buen corazón; y, cuando flaqueare, se ha de suplir de las partes que le están cerca. Hácensele menores los afanes a quien se sabe valer. No se rinda a la fortuna, que se le acabará de hacer intolerable. Ayúdanse poco algunos en sus trabajos y dóblanlos con no saberlos llevar. El que ya se conoce socorre con la consideración[400] a su flaqueza, y el discreto de todo sale con victoria, hasta de las estrellas.

168
No dar en monstruo de la necedad.

Sonlo todos los desvanecidos, presuntuosos, porfiados, caprichosos, persuadidos, extravagantes, figureros, graciosos, noveleros, paradojos[401], sectarios y todo género de hombres destemplados; monstruos todos de la impertinencia. Toda monstruosidad del ánimo es más deforme que la del cuerpo, porque desdice de la belleza superior. Pero ¿quién corregirá tanto desconcierto común? Donde falta la sindéresis[402], no queda lugar para la dirección[403], y la que había de ser observación refleja de la irrisión es una mal concebida presunción de aplauso imaginado.

---

[400] *consideración*: reflexión, atención.

[401] *paradojo*: véase el aforismo 143 (*No dar en paradojo por huir de vulgar*).

[402] *sindéresis*: véase el aforismo 24 (*Templar la imaginación*).

[403] *dirección*: (DRAE) «Consejo, enseñanza y preceptos con que se encamina a alguien».

169

Atención a no errar una, más que a acertar ciento[404].

Nadie mira al sol resplandeciente, y todos eclipsado. No le contará la nota vulgar las que acertare, sino las que errare. Más conocidos son los malos para murmurados que los buenos para aplaudidos; ni fueron conocidos muchos hasta que delinquieron, ni bastan todos los aciertos juntos a desmentir un solo y mínimo desdoro. Y desengáñese todo hombre, que le serán notadas[405] todas las malas, pero ninguna buena, de la malevolencia.

170

Usar del retén[406] *en todas las cosas.*

Es asegurar la importancia. No todo el caudal se ha de emplear, ni se han de sacar todas las fuerzas cada vez; aun en el saber ha de haber resguardo, que es un doblar las perfecciones. Siempre ha de haber a qué apelar en un aprieto de salir mal; más obra el socorro que el acometimiento, porque es de valor y de crédito. El proceder de la cordura siempre fue al seguro[407], y aun en este sentido es verdadera aquella paradoja picante[408]: más es la mitad que el todo[409].

---

[404] Hay diversos refranes con la misma idea: «Al juego hazle un yerro y te traerá ciento», o «Haz ciento y yerra una y se acabó tu buena fortuna».

[405] *notadas*: señaladas, advertidas, percibidas.

[406] *retén*: (DRAE) «Repuesto o prevención que se tiene de algo».

[407] *al seguro*: a lo seguro.

[408] *picante*: curiosa, mordaz.

[409] En *El héroe*, en el *primor* I, Gracián escribe: «a la cruda paradoja del sabio de Mitiline: "Más es la mitad que el todo", porque una mitad en alarde y otra en empeño más es que un todo declarado». En realidad, la frase es de Hesiodo, y no de Pítaco, el sabio de Mitiline.

171
No gastar[410] el favor.
Los amigos grandes son para las grandes ocasiones. No se ha de emplear la confianza mucha en cosas pocas, que sería desperdicio de la gracia. La sagrada áncora se reserva siempre para el último riesgo. Si en lo poco se abusa de lo mucho, ¿qué quedará para después? No hay cosa que más valga que los valedores, ni más preciosa hoy que el favor: hace y deshace en el mundo hasta dar ingenio o quitarlo. A los sabios, lo que les favorecieron naturaleza y fama, les envidió la fortuna. Más es saber conservar las personas y tenerlas que los haberes[411].

172
No empeñarse con quien no tiene qué perder.
Es reñir con desigualdad. Entra el otro con desembarazo porque trae hasta la vergüenza perdida; remató con todo, no tiene más que perder, y así se arroja a toda impertinencia. Nunca se ha de exponer a tan cruel riesgo la inestimable reputación; costó muchos años de ganar y viene a perderse en un punto de un puntillo[412]: hiela un desaire mucho lucido sudor. Al hombre de obligaciones hácele reparar el tener mucho que perder. Mirando por su crédito, mira por el contrario, y, como se empeña con atención, procede con tal detención, que da tiempo a la prudencia para retirarse con tiempo

---

[410] *gastar*: malgastar.

[411] Gonzalo Correas, en su *Vocabulario de refranes...* (1627), recoge el refrán: «Más valen amigos en la plaza que dineros en el arca».

[412] *puntillo*: (DRAE) «Amor propio o pundonor muy exagerado y basado en cosas sin importancia».

y poner en cobro el crédito. Ni con el vencimiento se llegará a ganar lo que se perdió ya con el exponerse a perder.

173

No ser de vidrio en el trato,

y menos en la amistad. Quiebran algunos con gran facilidad, descubriendo la poca consistencia; llénanse a sí mismos de ofensión, a los demás de enfado. Muestran tener la condición más niña que las de los ojos, pues no permite ser tocada, ni de burlas ni de veras. Oféndenla las motas, que no son menester ya notas[413]. Han de ir con grande tiento los que los tratan, atendiendo siempre a sus delicadezas; guárdanles los aires, porque el más leve desaire les desazona. Son estos ordinariamente muy suyos, esclavos de su gusto, que por él atropellarán con todo, idólatras de su honrilla. La condición del amante tiene la mitad de diamante en el durar y en el resistir.

174

No vivir a prisa.

El saber repartir las cosas es saberlas gozar. A muchos les sobra la vida y se les acaba la felicidad. Malogran los contentos, que no los gozan, y querrían después volver atrás, cuando se hallan tan adelante. Postillones[414] del vivir, que, a más del común correr del tiempo, añaden ellos su atropellamiento genial[415]. Querrían devo-

---

[413] *nota*: (DRAE) «Reparo o censura desfavorable que se hace de las acciones y porte de alguien».

[414] *postillón*: (DRAE) «Mozo que iba a caballo, bien delante de las postas para guiar a los caminantes, bien delante de un tiro para conducir al ganado».

[415] *genial*: de su genio, de su carácter.

rar en un día lo que apenas podrán digerir en toda la vida. Viven adelantados en las felicidades, cómense los años por venir y, como van con tanta prisa, acaban presto con todo. Aun en el querer saber, ha de haber modo para no saber las cosas mal sabidas. Son más los días que las dichas: en el gozar, a espacio[416]; en el obrar, aprisa. Las hazañas bien están, hechas; los contentos, mal, acabados.

175

Hombre sustancial[417];

y el que lo es no se paga de los que no lo son. Infeliz es la eminencia que no se funda en la sustancia. No todos los que lo parecen son hombres: haylos de embuste, que conciben de quimera y paren embelecos; y hay otros, sus semejantes, que los apoyan y gustan más de lo incierto que promete un embuste, por ser mucho, que de lo cierto que asegura una verdad, por ser poco. Al cabo, sus caprichos salen mal, porque no tienen fundamento de entereza. Sola la verdad puede dar reputación verdadera, y la sustancia entra en provecho. Un embeleco ha menester otros muchos, y así toda la fábrica es quimera y, como se funda en el aire, es preciso venir a tierra. Nunca llega a viejo un desconcierto: el ver lo mucho que promete basta hacerlo sospechoso, así como lo que prueba demasiado es imposible.

---

[416] *a espacio*: despacio.

[417] *hombre sustancial*: en *El discreto*, en el *realce* XVII («El hombre en su punto»), Gracián lo define así: «conócese en lo acertado de su juicio, en lo sazonado de su gusto; habla con atención, obra con detención; sabio en dichos y cuerdo en hechos, centro de toda perfección».

176
Saber, o escuchar a quien sabe.

Sin entendimiento no se puede vivir, o propio, o prestado; pero hay muchos que ignoran que no saben y otros que piensan que saben, no sabiendo[418]. Achaques de necedad son irremediables, que como los ignorantes no se conocen, tampoco buscan lo que les falta. Serían sabios algunos si no creyesen que lo son. Con esto, aunque son raros los oráculos de cordura, viven ociosos, porque nadie los consulta. No disminuye la grandeza, ni contradice a la capacidad, el aconsejarse; antes, el aconsejarse bien la acredita. Debata en la razón para que no le combata la desdicha.

177
Excusar llanezas en el trato.

Ni se han de usar, ni se han de permitir. El que se allana pierde luego la superioridad que le daba su entereza y, tras ella, la estimación. Los astros, no rozándose con nosotros, se conservan en su esplendor. La divinidad solicita decoro; toda humanidad facilita el desprecio. Las cosas humanas, cuanto se tienen más, se tienen en menos, porque con la comunicación se comunican las imperfecciones que se encubrían con el recato. Con nadie es conveniente el allanarse: no con los mayores, por el peligro, ni con los inferiores, por la indecencia; menos con la villanía, que es atrevida por lo necio, y, no reconociendo el favor que se le hace, presume obligación. La facilidad es ramo de vulgaridad.

---

[418] Gonzalo Correas, en su *Vocabulario de refranes…* (1627), recoge el refrán: «Bien sabe el sabio que no sabe, el necio piensa que sabe».

178

Creer al corazón,

y más cuando es de prueba[419]. Nunca le desmienta, que suele ser pronóstico de lo que más importa: oráculo casero. Perecieron muchos de lo que se temían; mas ¿de qué sirvió el temerlo sin el remediarlo? Tienen algunos muy leal el corazón, ventaja del superior natural, que siempre los previene y toca[420] a infelicidad para el remedio. No es cordura salir a recibir los males, pero sí el salirles al encuentro para vencerlos.

179

La retentiva[421] es el sello de la capacidad.

Pecho sin secreto es carta abierta. Donde hay fondo están los secretos profundos, que hay grandes espacios y ensenadas donde se hunden las cosas de monta. Procede de un gran señorío de sí, y el vencerse en esto es el verdadero triunfar. A tantos pagan pecho[422] a cuantos se descubre. En la templanza interior consiste la salud de la prudencia. Los riesgos de la retentiva son la ajena tentativa: el contradecir para torcer; el tirar varillas[423] para hacer saltar: aquí

---

[419] *de prueba*: (DRAE) «loc. adj. Adecuado para probar el límite de la resistencia de alguien».

[420] *toca a infelicidad*: avisa del infortunio venidero; Gracián construye esta frase sobre «tocar a rebato: loc. verb. Dar la señal de alarma ante cualquier peligro».

[421] *retentiva*: (DRAE) «Memoria, facultad de acordarse»; pero aquí se refiere a la capacidad de retener, guardar los pensamientos, los secretos.

[422] *pagan pecho*: Gracián juega con los dos significados de «pecho»; a quienes se les descubre el pecho (los secretos) se les paga pecho («tributo»).

[423] *varillas*: Emilio Blanco (2023, pág. 123, nota 208) precisa: «en Gracián, varillas pasa por 'insinuaciones'». Véanse los aforismos 37 (*Conocer y saber usar de las*

el atento más cerrado. Las cosas que se han de hacer no se han de decir y las que se han de decir no se han de hacer.

180
Nunca regirse por lo que el enemigo había de hacer.
El necio nunca hará lo que el cuerdo juzga, porque no alcanza lo que conviene; si es discreto, tampoco, porque querrá desmentirle el intento penetrado y aun prevenido. Hanse de discurrir las materias por entrambas partes y revolverse por el uno y otro lado, disponiéndolas a dos vertientes. Son varios los dictámenes: esté atenta la indiferencia, no tanto para lo que será cuanto para lo que puede ser.

181
Sin mentir, no decir todas las verdades.
No hay cosa que requiera más tiento que la verdad, que es un sangrarse del corazón. Tanto es menester para saberla decir como para saberla callar. Piérdese con sola una mentira todo el crédito de la entereza. Es tenido el engañado por falto[424] y el engañador por falso, que es peor. No todas las verdades se pueden decir: unas, porque me importan a mí, otras, porque al otro.

182
Un grano de audacia con todos es importante cordura.
Hase de moderar el concepto de los otros para no concebir tan altamente de ellos que les tema; nunca rinda la imaginación al corazón.

---

varillas) y 145 (*No descubrir el dedo malo*).

[424] *falto*: escaso de juicio.

Parecen mucho algunos hasta que se tratan, pero el comunicarlos[425] más sirvió de desengaño que de estimación. Ninguno excede los cortos límites de hombre. Todos tienen su *si no*, unos en el ingenio, otros en el genio. La dignidad[426] da autoridad aparente, pocas veces la acompaña la personal, que suele vengar la suerte la superioridad del cargo en la inferioridad de los méritos. La imaginación se adelanta siempre y pinta las cosas mucho más de lo que son; no solo concibe lo que hay, sino lo que pudiera haber. Corríjala la razón, tan desengañada a experiencias. Pero ni la necedad ha de ser atrevida ni la virtud temerosa. Y si a la simplicidad le valió la confianza, ¡cuánto más al valer y al saber!

183

No aprender fuertemente[427].

Todo necio es persuadido, y todo persuadido, necio; y cuanto más erróneo su dictamen es mayor su tenacidad. Aun en caso de evidencia, es ingenuidad el ceder, que no se ignora la razón que tuvo y se conoce la galantería que tiene. Más se pierde con el arrimamiento[428] que se puede ganar con el vencimiento; no es defender la verdad, sino la grosería. Hay cabezas de hierro dificultosas de convencer, con extremo irremediable; cuando se junta lo caprichoso con lo persuadido, cásanse indisolublemente con la necedad. El tesón ha de estar en la voluntad, no en el juicio. Aunque hay casos

---

[425] *comunicar*: el *Diccionario de autoridades* dice: «Significa también conversar, tratar, tener comercio y trato familiar con alguno, así de palabra, como por escrito».

[426] *dignidad*: (DRAE) «Cargo o empleo honorífico y de autoridad».

[427] No aprender con testarudez, con obstinación.

[428] *arrimamiento*: es una palabra creada por Gracián; quiere decir «con el arrinconamiento, con la porfía».

de excepción, para no dejarse perder y ser vencido dos veces: una en el dictamen, otra en la ejecución.

184

No ser ceremonial[429],

que aun en un rey[430] la afectación en esto fue solemnizada por singularidad. Es enfadoso el puntoso[431], y hay naciones tocadas de esta delicadeza. El vestido de la necedad se cose de estos puntos, idólatras de su honra, y que muestran que se funda sobre poco, pues se temen que todo la pueda ofender. Bueno es mirar por el respeto, pero no sea tenido por gran maestro de cumplimientos. Bien es verdad que el hombre sin ceremonias necesita de excelentes virtudes. Ni se ha de afectar ni se ha de despreciar la cortesía. No muestra ser grande el que repara en puntillos[432].

185

Nunca exponer el crédito[433] a prueba de sola una vez,

que, si no sale bien aquella, es irreparable el daño. Es muy contingente errar una, y más la primera. No siempre está uno de ocasión, que por eso se dijo «estar de día»[434]. Afiance, pues, la segunda a la primera, si se errare; y, si se acertare, será la primera desempeño de

---

[429] *ceremonial:* ceremonioso.

[430] Se refiere a Pedro IV, rey de Aragón, llamado el Ceremonioso (1319-1387).

[431] *puntoso:* (DRAE) «Demasiado sensible al punto de honor o de estimación».

[432] *puntillo:* (DRAE) «Amor propio o pundonor muy exagerado y basado en cosas sin importancia». Véase el aforismo 172.

[433] *crédito:* (DRAE) «Reputación, fama, autoridad. U. m. en sent. favorable».

[434] *estar de día:* si es el día propicio, si está de suerte. Véase el aforismo 139.

la segunda. Siempre ha de haber recurso a la mejoría, y apelación a más. Dependen las cosas de contingencias, y de muchas, y así es rara la felicidad del salir bien.

186
Conocer los defectos,
por más autorizados que estén. No desconozca la entereza el vicio, aunque se revista de brocado; corónase tal vez de oro, pero no por eso puede disimular el yerro. No pierde la esclavitud de su vileza, aunque se desmienta con la nobleza del sujeto; bien pueden estar los vicios realzados[435], pero no son realces. Ven algunos que aquel héroe tuvo aquel accidente, pero no ven que no fue héroe por aquello. Es tan retórico el ejemplo superior que aun las fealdades persuade; hasta las del rostro afectó tal vez la lisonja, no advirtiendo que, si en la grandeza se disimulan, en la bajeza se abominan.

187
Todo lo favorable obrarlo por sí; todo lo odioso, por terceros.
Con lo uno se concilia la afición, con lo otro se declina la malevolencia. Mayor gusto es hacer bien que recibirlo para grandes hombres, que es felicidad de su generosidad. Pocas veces se da disgusto a otro sin tomarlo, o por compasión o por repasión[436]. Las causas superiores no obran sin el premio o el apremio[437]. Influya

---

[435] *realzados*: adornados, engrandecidos; «pero no son realces»: no son estimación, grandeza sobresaliente.

[436] *repasión*: puede tratarse de una creación de Gracián, muy dado a formar palabras utilizando el prefijo «re-» (re-consejo, re-vista, véase el aforismo 132). En este caso, Gracián juega con los prefijos «com-» y «re-» pasión.

[437] De nuevo Gracián nos lleva al juego de palabras contrarias: «premio»-«apremio» (recompensa, galardón, frente a coacción, amenaza).

inmediatamente el bien y mediatamente el mal. Tenga donde den los golpes del descontento, que son el odio y la murmuración. Suele ser la rabia vulgar[438] como la canina, que, desconociendo la causa de su daño, revuelve[439] contra el instrumento, y, aunque este no tenga la culpa principal, padece la pena de inmediato.

188

Traer que alabar.

Es crédito del gusto, que indica tenerlo hecho a lo muy bueno, y que se le debe la estimación de lo de acá. Quien supo conocer antes la perfección sabrá estimarla después. Da materia a la conversación y a la imitación, adelantando las plausibles noticias. Es un político modo de vender la cortesía a las perfecciones presentes. Otros, al contrario, traen siempre que vituperar, haciendo lisonja a lo presente con el desprecio de lo ausente. Sáleles bien con los superficiales, que no advierten la treta del decir mucho mal de unos con otros. Hacen política[440] algunos de estimar más las medianías de hoy que los extremos de ayer. Conozca el atento estas sutilezas del llegar, y no le cause desmayo la exageración del uno ni engreimiento la lisonja del otro; y entienda que del mismo modo proceden en las unas partes que en las otras: truecan los sentidos y ajústanse siempre al lugar en que se hallan.

---

[438] *la rabia vulgar*: la rabia de la gente común, del vulgo.

[439] *revolver*: revolverse; (DRAE) «Volver la cara al enemigo para embestirlo. U. t. c. prnl».

[440] *política*: (DRAE): «Cortesía y buen modo de portarse», o «Arte o traza con que se conduce un asunto o se emplean los medios para alcanzar un fin determinado». Véanse los aforismos 29, 77 y 108.

189

Valerse de la privación ajena,

que, si llega a deseo, es el más eficaz torcedor[441]. Dijeron ser nada los filósofos, y ser el todo los políticos: estos la conocieron mejor. Hacen grada unos, para alcanzar sus fines, del deseo de los otros. Válense de la ocasión y, con la dificultad de la consecución, irrítanle el apetito. Prométense más del conato de la pasión que de la tibieza de la posesión; y al paso que crece la repugnancia[442], se apasiona más el deseo. Gran sutileza del conseguir el intento: conservar las dependencias.

190

Hallar el consuelo en todo.

Hasta de inútiles lo es el ser eternos. No hay afán sin conhorte[443]: los necios le tienen en ser venturosos, y también se dijo «ventura de fea». Para vivir mucho es arbitrio valer poco[444]; la vasija quebrantada[445] es la que nunca se acaba de romper, que enfada con su durar. Parece que tiene envidia la fortuna a las personas más importantes, pues iguala la duración con la inutilidad de las unas

---

[441] *torcedor*: (DRAE) «Cosa que ocasiona persistente disgusto, mortificación o sentimiento». También, *acial*: «Instrumento para que estén quietas las bestias». Véase el aforismo 26 (*Hallarle su torcedor a cada uno*).

[442] *repugnancia*: (DRAE) «Oposición o contradicción entre dos cosas».

[443] *conhorte*: consuelo (arcaísmo).

[444] Existía la creencia de que los dioses se llevaban de este mundo a los mejores; y que los peores vivían más. Nos recuerda el refrán: «Bicho malo nunca muere».

[445] *vasija quebrantada*: Gonzalo Correas, en su *Vocabulario de refranes…* (1627), recoge varios refranes alusivos: «Vaso malo no se quiebra», «Vaso malo nunca cae de mano» y «Vaso malo nunca es quebrado».

y la importancia con la brevedad de las otras: faltarán cuantos importaren y permanecerá eterno el que es de ningún provecho, ya porque lo parece, ya porque realmente es así. Al desdichado parece que se conciertan en olvidarle la suerte y la muerte.

191

No pagarse de la mucha cortesía,

que es especie de engaño. No necesitan algunos para hechizar de las hierbas de Tesalia[446], que con solo el buen aire de una gorra[447] encantan necios, digo desvanecidos[448]. Hacen precio de la honra y pagan con el viento de unas buenas palabras. Quien lo promete todo[449], promete nada, y el prometer es desliz para necios. La cortesía verdadera es deuda, la afectada, engaño, y más la desusada: no es decencia, sino dependencia. No hacen la reverencia a la persona, sino a la fortuna; y la lisonja, no a las prendas que reconoce, sino a las utilidades que espera.

---

[446] Tenían fama los bebedizos de Tesalia.

[447] Parece aludir al gesto exagerado de saludar con la gorra.

[448] *desvanecidos*: los presuntuosos (véase el aforismo 166). Y en relación con la cortesía, véase el aforismo 118 (*Cobrar fama de cortés*).

[449] Gonzalo Correas, en su *Vocabulario de refranes…* (1627), recoge varios refranes sobre esta idea: «Quien todo lo da, todo lo niega», «Quien todo lo ofrece, o quien todo promete, todo lo niega».

192

Hombre de gran paz, hombre de mucha vida[450].
Para vivir, dejar vivir. No solo viven los pacíficos, sino que reinan.
Hase de oír y ver, pero callar[451]. El día sin pleito hace la noche soño-
lienta. Vivir mucho y vivir con gusto es vivir por dos, y fruto de la
paz. Todo lo tiene a quien no se le da nada de lo que no le importa.
No hay mayor despropósito que tomarlo todo de propósito[452]. Igual
necedad que le pase el corazón a quien no le toca, y que no le entre
de los dientes adentro[453] a quien le importa.

193

Atención al que entra con la ajena[454] por salir con la suya.
No hay reparo para la astucia como la advertencia. Al entendido,
un buen entendedor. Hacen algunos ajeno el negocio propio, y

---

[450] De nuevo leemos en Gonzalo Correas: «Hayamos paz, y viviremos asaz», y
«Hayamos paz, y viviremos viejos».

[451] Emilio Blanco (2023, págs. 207-208, nota 794) comenta: «Recuerda aquí
Gracián un viejo proverbio medieval (*"Audi, vide, tace, si vis vivere in pace"*)».
Es nuestro «Oír, ver y callar», añadiendo: «si quieres vivir en paz».

[452] *de propósito*: a propósito, voluntaria y deliberadamente.

[453] *de los dientes adentro*: en su interior.

[454] *entrar con la ajena*: comenzar con la intención, la pretensión, el interés ajeno
para terminar saliéndose con su conveniencia. Véase el aforismo 144 (*Entrar con
la ajena para salir con la suya*).

sin la contracifra[455] de intenciones se halla a cada paso empeñado uno en sacar del fuego el provecho ajeno con daño[456] de su mano.

194

Concebir de sí y de sus cosas cuerdamente,
y más al comenzar a vivir. Conciben todos altamente de sí, y más los que menos son. Suéñase cada uno su fortuna y se imagina un prodigio. Empéñase desatinadamente la esperanza y después nada cumple la experiencia; sirve de tormento a su imaginación vana el desengaño de la realidad verdadera. Corrija la cordura semejantes desaciertos, y, aunque puede desear lo mejor, siempre ha de esperar lo peor, para tomar con ecuanimidad lo que viniere. Es destreza asestar algo más alto para ajustar el tiro, pero no tanto que sea desatino. Al comenzar los empleos, es precisa esta reformación de concepto, que suele desatinar la presunción sin la experiencia. No hay medicina más universal para todas necedades que el seso. Conozca cada uno la esfera de su actividad y estado y podrá regular con la realidad el concepto.

195

Saber estimar.
Ninguno hay que no pueda ser maestro de otro en algo, ni hay quien no exceda al que excede. Saber disfrutar a cada uno es útil

---

[455] *contracifra*: clave; (DRAE) «Conjunto de reglas y correspondencias que explican un código de signos».

[456] Gonzalo Correas (pág. 441), en su *Vocabulario de refranes...* (1627), recoge varios refranes, alguno comentado, sobre esta idea: «Sacar la brasa con la mano del gato; o con la mano ajena»; «Sacar la castaña con la mano del gato». «Una mona dicen que sacaba castañas de la lumbre con la mano del gato, con sutileza, por no quemarse ella».

saber. El sabio estima a todos porque reconoce lo bueno en cada uno y sabe lo que cuestan las cosas de hacerse bien. El necio desprecia a todos por ignorancia de lo bueno y por elección de lo peor.

196

Conocer su estrella[457].

Ninguno tan desvalido que no la tenga, y si es desdichado, es por no conocerla. Tienen unos cabida con príncipes y poderosos sin saber cómo ni por qué, sino que su misma suerte les facilitó el favor; solo queda para la industria el ayudarla. Otros se hallan con la gracia de los sabios. Fue alguno más acepto[458] en una nación que en otra, y más bien visto en esta ciudad que en aquella. Experiméntase también más dicha en un empleo y estado que en los otros, y todo esto en igualdad, y aun identidad, de méritos. Baraja como y cuando quiere la suerte. Conozca la suya cada uno, así como su minerva[459], que va el perderse o el ganarse. Sépala seguir y ayudar; no las trueque, que sería errar el norte a que le llama la vecina bocina[460].

---

[457] Véase el aforismo 139 (*Conocer el día aciago*).

[458] *acepto*: (DRAE) «adj. p. us. Agradable, bien recibido, admitido con gusto».

[459] *minerva*: inteligencia. Véase el aforismo 18 (*Aplicación y minerva*). Aunque en Gracián aparece Minerva con mayúscula, por aludir a la diosa romana de la sabiduría, nosotros lo escribimos con minúscula porque significa «mente, inteligencia o capacidad intelectual». Véase el aforismo 34 (*Conocer su realce rey*).

[460] *bocina*: el *Diccionario de Autoridades*, en su tercera acepción, recoge: «Constelación celeste en el hemisferio septentrional, que consta de cierto número de estrellas, que su positura retorcida forma una como bocina, y así la llaman los marineros, aunque los astrónomos la conocen por la Osa Menor».

197
Nunca embarazarse con necios.

Eslo el que no los conoce y más el que, conocidos, no los descarta. Son peligrosos para el trato superficial y perniciosos para la confidencia; y, aunque algún tiempo los contenga su recelo propio y el cuidado ajeno, al cabo hacen la necedad o la dicen; y si tardaron, fue para hacerla más solemne. Mal puede ayudar al crédito ajeno quien no le tiene propio. Son infelicísimos, que es el sobrehueso[461] de la necedad, y se pegan una y otra. Sola una cosa tienen menos mala, y es que, ya que a ellos los cuerdos no les son de algún provecho, ellos sí de mucho a los sabios, o por noticia o por escarmiento[462].

198
Saberse trasplantar[463].

Hay naciones que para valer se han de remudar[464], y más en puestos grandes. Son las patrias madrastras de las mismas eminencias[465]: reina en ellas la envidia como en tierra connatural, y más se acuerdan de las imperfecciones con que uno comenzó que de la grandeza a que ha llegado. Un alfiler pudo conseguir estimación, pasando de un mundo a otro, y un vidrio puso en desprecio al diamante

---

[461] *sobrehueso*: (DRAE) «Cosa que molesta o sirve de embarazo o carga».

[462] Gonzalo Correas (pág. 163), en su *Vocabulario de refranes…* (1627), recoge dos refranes sobre esta idea: «Donde el loco se perdió, el buen seso aviso cogió», y «Donde el necio se perdió, el cuerdo aviso tomó».

[463] *trasplantar*: el *Diccionario de autoridades*, en su segunda acepción, recoge: «Por analogía se dice de las personas naturales, o avecindadas en una provincia, o reino, que se pasan y mudan a otro».

[464] *remudar*: trasplantar (parece que se trata de un aragonesismo).

[465] Evidentemente nos recuerda el dicho «Nadie es profeta en su tierra».

porque se trasladó. Todo lo extraño es estimado, ya porque vino de lejos, ya porque se logra hecho y en su perfección. Sujetos vimos que ya fueron el desprecio de su rincón, y hoy son la honra del mundo, siendo estimados de los propios y extraños: de los unos, porque los miran de lejos, de los otros[466], porque lejos. Nunca bien venerará la estatua en el ara el que la conoció tronco en el huerto[467].

199

Saberse hacer lugar a lo cuerdo,
no a lo entremetido. El verdadero camino para la estimación es el de los méritos y, si la industria se funda en el valor, es atajo para el alcanzar. Sola la entereza no basta; sola la solicitud es indigna, que llegan tan enlodadas las cosas, que son asco de la reputación. Consiste en un medio de merecer y de saberse introducir[468].

---

[466] *de los unos porque…de lejos, de los otros…*: de los «propios», porque los ven triunfar lejos; y de los extraños, porque vienen de lejos.

[467] *el que la conoció tronco en el huerto*: en *Abecedario de dichos y frases hechas* (2015, págs. 237-238), Guillermo Suazo, a propósito del dicho «Quien te conoció ciruelo…», recoge: «Se cuenta la historia de un labrador que regaló un tronco de un ciruelo de su huerta a un escultor amigo suyo. Pasado un tiempo, el escultor le enseñó al campesino un magnífico Cristo tallado en aquel tronco, pensando que se sorprendería al verlo; pero el labrador, al contemplar la imagen engalanada, recordando su origen, exclamó: "Quien te conoció ciruelo, ¿cómo te tendrá devoción?". En otras versiones la talla representaba a San Pedro, y entonces el campesino decía: "Glorioso San Pedro, / yo te conocí ciruelo / de tu fruto comí; / los milagros que tú hagas, / que me los cuelguen a mí"».

[468] El camino para hacerse un lugar en la estimación debe utilizar por igual los méritos y el saber presentarlos, introducirlos.

200
Tener que desear,
para no ser felizmente desdichado. Respira el cuerpo y anhela el espíritu. Si todo fuere posesión, todo será desengaño y descontento. Aun en el entendimiento siempre ha de quedar qué saber, en que se cebe la curiosidad. La esperanza alienta: los hartazgos de felicidad son mortales. En el premiar es destreza nunca satisfacer. Si nada hay que desear, todo es de temer: dicha desdichada; donde acaba el deseo, comienza el temor.

201
Son tontos todos los que lo parecen y la mitad de los que no lo parecen.
Alzose con el mundo la necedad y, si hay algo de sabiduría, es estulticia con la del cielo[469]; pero el mayor necio es el que no se lo piensa y a todos los otros define. Para ser sabio no basta parecerlo, menos parecérselo: aquel sabe que piensa que no sabe, y aquel no ve que no ve que los otros ven. Con estar todo el mundo lleno de necios, ninguno hay que se lo piense, ni aun lo recele.

202
Dichos y hechos hacen un varón consumado.
Hase de hablar lo muy bueno y obrar lo muy honroso: la una es perfección de la cabeza, la otra, del corazón, y entrambas nacen de la superioridad del ánimo. Las palabras son sombra de los hechos: son aquellas las hembras[470], estos, los varones. Más importa ser

---

[469] Alude a un versículo de la Biblia (Cor. 3, 19): *Sapientia enim hujus mundi, stultitia est apud Deum* («La sabiduría de este mundo es insensatez ante Dios»).

[470] Gonzalo Correas (págs. 264 y 276), en su *Vocabulario de refranes...* (1627), recoge: «Las palabras son hembras y los hechos son machos», y «Los hechos son machos, y las palabras son hembras».

celebrado que ser celebrador. Es fácil el decir y difícil el obrar. Las hazañas son la sustancia del vivir, y las sentencias, el ornato. La eminencia en los hechos dura, en los dichos pasa. Las acciones son el fruto de las atenciones: los unos, sabios, los otros, hazañosos.

203
Conocer las eminencias de su siglo.
No son muchas: una fénix en todo un mundo, un Gran Capitán, un perfecto orador, un sabio en todo un siglo, un eminente rey[471] en muchos. Las medianías son ordinarias en número y aprecio; las eminencias, raras en todo, porque piden complemento de perfección y, cuanto más sublime la categoría, más dificultoso el extremo. Muchos les tomaron los renombres de magnos a César y Alejandro, pero en vacío, que, sin los hechos, no es más la voz que un poco de aire: pocos Sénecas ha habido y un solo Apeles[472] celebró la fama.

204
Lo fácil se ha de emprender como dificultoso, y lo dificultoso como fácil:
allí porque la confianza no descuide, aquí porque la desconfianza no desmaye. No es menester más para que no se haga la cosa que darla por hecha; y, al contrario, la diligencia allana la imposibilidad. Los grandes empeños aun no se han de pensar, basta ofrecerse, porque la dificultad, advertida, no ocasione el reparo.

---

[471] Con «fénix» se cree que se refiere a Lope de Vega; y con los siguientes, a Gonzalo Fernández de Córdoba, a Cicerón, a Séneca y a Fernando el Católico.

[472] Apeles (352 a. C.-308 a. C.) fue el pintor elegido por Alejandro Magno para perpetuar su imagen.

205

Saber jugar[473] del desprecio.

Es treta para alcanzar las cosas despreciarlas[474]. No se hallan comúnmente cuando se buscan y, después, al descuido, se vienen a la mano. Como todas las de acá son sombra de las eternas, participan de la sombra aquella propiedad: huyen de quien las sigue y persiguen a quien las huye. Es también el desprecio la más política venganza. Única máxima de sabios: nunca defenderse con la pluma, que deja rastro, y viene a ser más gloria de la emulación que castigo del atrevimiento. Astucia de indignos: oponerse a grandes hombres para ser celebrados por indirecta, cuando no lo merecían de derecho; que no conociéramos a muchos si no hubieran hecho caso de ellos los excelentes contrarios. No hay venganza como el olvido, que es sepultarlos en el polvo de su nada. Presumen, temerarios, hacerse eternos pegando fuego[475] a las maravillas del mundo y de los siglos. Arte de reformar la murmuración: no hacer caso; impugnarla causa perjuicio; y si crédito, descrédito. A la emulación, complacencia, que aun aquella sombra de desdoro deslustra, ya que no oscurece del todo la mayor perfección.

---

[473] *jugar de*: Gracián lo utiliza con el sentido de «manejar», «servirse». Véase el aforismo 210 (*Saber jugar de la verdad*).

[474] Gonzalo Correas (pág. 171), en su *Vocabulario de refranes...* (1627), recoge: «El que dice mal de la yegua, ese la lleva».

[475] Puede referirse a Eróstrato, que buscó la fama incendiando el templo de Artemisa de Éfeso, considerado una de las siete maravillas del mundo antiguo; o también a Nerón, al que se le atribuye el incendio de Roma.

206

Sépase que hay vulgo[476] en todas partes:
en la misma Corinto[477], en la familia más selecta. De las puertas
adentro de su casa lo experimenta cada uno. Pero hay vulgo, y revulgo[478], que es peor: tiene el especial las mismas propiedades que
el común, como los pedazos del quebrado espejo, y aun más perju-
dicial: habla a lo necio y censura a lo impertinente; gran discípulo
de la ignorancia, padrino de la necedad y aliado de la hablilla[479].
No se ha de atender a lo que dice, y menos a lo que siente. Importa
conocerlo para librarse de él, o como parte o como objeto, que
cualquiera necedad es vulgaridad, y el vulgo se compone de necios.

207

Usar del reporte[480].
Hase de estar más sobre el caso en los acasos[481]. Son los ímpetus de
las pasiones deslizaderos de la cordura, y allí es el riesgo de perderse. Adelántase uno más en un instante de furor o contento, que
en muchas horas de indiferencia. Corre tal vez en breve rato para
correrse después toda la vida. Traza la ajena astuta intención estas

---

[476] *vulgo*: Gracián no se refiere solo a la gente del pueblo, de la plebe, sino a toda persona necia o ignorante, independientemente de su condición social.

[477] *Corinto*: lo pone como ejemplo de ciudad culta.

[478] *revulgo*: se trata de una creación de Gracián, muy dado a formar palabras utilizando el prefijo «re-».

[479] *hablilla*: (DRAE) «Rumor, cuento, mentira que corre en el vulgo».

[480] *reporte*: refrenamiento, autocontrol. El *Diccionario de autoridades* recoge: «Re-frenar, reprimir o moderar alguna pasión del ánimo, o al que la tiene».

[481] Se debe estar sobre aviso en las circunstancias inesperadas.

tentaciones de prudencia para descubrir tierra, o ánimo. Válese de semejantes torcedores de secretos, que suelen apurar el mayor caudal. Sea contraardid el reporte, y más en las prontitudes. Mucha reflexión es menester para que no se desboque una pasión, y gran cuerdo el que a caballo[482] lo es. Va con tiento el que concibe el peligro. Lo que parece ligera la palabra al que la arroja, le parece pesada al que la recibe y la pondera.

208

No morir[483] de achaque de necio.

Comúnmente, los sabios mueren faltos de cordura; al contrario, los necios, hartos de consejo. Morir de necio es morir de discurrir sobrado. Unos mueren porque sienten y otros viven porque no sienten. Y así, unos son necios porque no mueren de sentimiento, y otros lo son porque mueren de él. Necio es el que muere de sobrado entendido. De suerte que unos mueren de entendedores y otros viven de no entendidos; pero, con morir muchos de necios, pocos necios mueren.

209

Librarse de las necedades comunes

es cordura bien especial. Están muy validas por lo introducido, y algunos, que no se rindieron a la ignorancia particular, no supieron escaparse de la común. Vulgaridad es no estar contento ninguno con su suerte, aun la mayor, ni descontento de su ingenio, aunque el peor. Todos codician, con descontento de la propia, la felicidad

---

[482] Véase el aforismo 155 (*Arte en el apasionarse*): «será el primer cuerdo a caballo».

[483] No padecer achaques de necio.

ajena. También alaban los de hoy las cosas de ayer, y los de acá, las de allende. Todo lo pasado parece mejor y todo lo distante es más estimado. Tan necio es el que se ríe de todo como el que se pudre[484] de todo.

210
Saber jugar[485] de la verdad.
Es peligrosa, pero el hombre de bien no puede dejar de decirla: ahí es menester el artificio. Los diestros médicos del ánimo inventaron el modo de endulzarla, que, cuando toca en desengaño, es la quintaesencia de lo amargo[486]. El buen modo se vale aquí de su destreza: con una misma verdad lisonjea uno y aporrea otro. Hase de hablar a los presentes en los pasados[487]. Con el buen entendedor basta brujulear[488]; y, cuando nada bastare, entra el caso de enmudecer. Los príncipes no se han de curar con cosas amargas, para eso es el arte de dorar los desengaños.

211
En el cielo todo es contento, en el infierno todo es pesar.
En el mundo, como en medio, uno y otro. Estamos entre dos extremos, y así se participa de entrambos. Altérnanse las suertes: ni todo

---

[484] *pudrir.* (DRAE) «Consumir, molestar, causar impaciencia o fastidio. U. t. c. prnl».

[485] *jugar de:* véase el aforismo 205 (*Saber jugar del desprecio*).

[486] «La verdad amarga y la mentira es dulce» dice el refrán (Correas, pág. 503).

[487] *en los pasados:* desde los ejemplos del pasado, desde los personajes del pasado.

[488] *brujulear.* (DRAE) «tr. coloq. p. us. Descubrir por indicios y conjeturas algún suceso o negocio que se está tratando».

ha de ser felicidad, ni todo adversidad. Este mundo es un cero[489]: a solas, vale nada; juntándolo con el cielo, mucho. La indiferencia a su variedad[490] es cordura, ni es de sabios la novedad. Vase empeñando nuestra vida como en comedia, al fin viene a desenredarse: atención, pues, al acabar bien.

212

Reservarse siempre las últimas tretas del arte.

Es de grandes maestros, que se valen de su sutileza en el mismo, enseñarla: siempre ha de quedar superior, y siempre maestro. Hase de ir con arte en comunicar el arte; nunca se ha de agotar la fuente del enseñar, así como ni la del dar. Con eso se conserva la reputación y la dependencia. En el agradar y en el enseñar se ha de observar aquella gran lección de ir siempre cebando la admiración y adelantando la perfección. El retén en todas las materias fue gran regla de vivir, de vencer, y más en los empleos más sublimes.

213

Saber contradecir

es gran treta del tentar, no para empeñarse, sino para empeñar. Es el único torcedor, el que hace saltar los afectos. Es un vomitivo para los secretos la tibieza en el creer, llave del más cerrado pecho. Hácese con grande sutileza la tentativa doble de la voluntad y del juicio. Un desprecio sagaz de la misteriosa palabra del otro da caza

---

[489] *Este mundo es un cero*: Gonzalo Correas (pág. 481), en su *Vocabulario de refranes…* (1627), recoge: «Todo es nada lo deste mundo, si no se endereza al segundo».

[490] *La indiferencia a su variedad*: la indiferencia a la gran pluralidad de las cosas que nos ofrece el mundo; incluso no es de sabios la sorpresa o admiración ante la novedad de las cosas del mundo.

a los secretos más profundos y valos[491] con suavidad bocadeando hasta traerlos a la lengua y a que den en las redes del artificioso engaño. La detención en el atento hace arrojarse a la del otro en el recato y descubre el ajeno sentir, que de otro modo era el corazón inescrutable. Una duda afectada[492] es la más sutil ganzúa de la curiosidad para saber cuanto quisiere. Y aun para el aprender es treta del discípulo contradecir al maestro, que se empeña con más conato[493] en la declaración y fundamento de la verdad; de suerte que la impugnación moderada da ocasión a la enseñanza cumplida.

214
No hacer de una necedad dos.
Es muy ordinario para remendar una cometer otras cuatro. Excusar una impertinencia con otra mayor es de casta de mentira, o esta lo es de necedad, que para sustentarse una necesita de muchas. Siempre del mal pleito fue peor el patrocinio[494]; más mal que el mismo mal: no saberlo desmentir. Es pensión de las imperfecciones dar a censo[495] otras muchas. En un descuido puede caer el mayor sabio, pero en dos no; y de paso, que no de asiento[496].

---

[491] *y valos con suavidad bocadeando:* y los va con suavidad partiendo en bocados.

[492] *afectada:* forzada, fingida.

[493] *conato:* esfuerzo, empeño.

[494] *el patrocinio:* el amparo, el auxilio del mal pleito siempre fue peor.

[495] *Es pensión... dar a censo:* es un lastre de las imperfecciones pagar (impuestos) con más imperfecciones.

[496] *y de paso, que no de asiento:* si el sabio cae, que sea ligeramente, sin detención, y no de manera fija, permanente.

215

Atención al que llega de segunda intención.
Es ardid del hombre negociante descuidar la voluntad para aco-
meterla, que es vencida en siendo convencida. Disimulan el intento para conseguirlo, y pónese segundo para que en la ejecución
sea primero: asegúrase el tiro en lo inadvertido. Pero no duerma
la atención cuando tan desvelada la intención, y si esta se hace
segunda para el disimulo, aquella primera para el conocimiento.
Advierta la cautela el artificio con que llega y nótele las puntas que
va echando para venir a parar al punto de su pretensión: propone
uno y pretende otro, y revuelven con sutileza a dar en el blanco
de su intención. Sepa, pues, lo que le concede, y tal vez convendrá
dar a entender que ha entendido[497].

216

Tener la declarativa[498].
Es no solo desembarazo[499], pero despejo en el concepto. Algunos
conciben bien y paren mal, que sin la claridad no salen a luz los
hijos del alma, los conceptos y decretos. Tienen algunos la capacidad de aquellas vasijas que perciben mucho y comunican poco.
Al contrario, otros dicen aún más de lo que sienten. Lo que es la
resolución en la voluntad es la explicación en el entendimiento:
dos grandes eminencias. Los ingenios claros son plausibles, los
confusos fueron venerados por no entendidos, y tal vez conviene
la oscuridad para no ser vulgar; pero ¿cómo harán concepto los

---

[497] *dar a entender que ha entendido*: a veces interesa advertir al otro que se ha
percibido su juego.

[498] *declarativa*: facilidad en explicarse y decir las cosas con claridad y elegancia.

[499] No solo es soltura de palabra, desparpajo, sino también sagacidad en las ideas.

demás de lo que les oyen, si no les corresponde concepto mental a ellos de lo que dicen?

217
No se ha de querer ni aborrecer para siempre.
Confiar de los amigos hoy como enemigos[500] mañana, y los peores; y, pues pasa en la realidad, pase en la prevención. No se han de dar armas a los tránsfugas de la amistad, que hacen con ellas la mayor guerra. Al contrario con los enemigos, siempre puerta abierta a la reconciliación, y sea la de la galantería: es la más segura. Atormentó alguna vez después la venganza de antes, y sirve de pesar el contento de la mala obra que se le hizo.

218
Nunca obrar por tema, sino por atención.
Toda tema[501] es postema[502], gran hija de la pasión, la que nunca obró cosa a derechas. Hay algunos que todo lo reducen a guerrilla; bandoleros del trato, cuanto ejecutan querrían que fuese vencimiento, no saben proceder pacíficamente. Estos, para mandar

---

[500] Gonzalo Correas (pág. 488), en su *Vocabulario de refranes...* (1627), recoge: «Trata con el enemigo, como que en breve haya de ser amigo, o con el amigo, como si hubiese de ser enemigo».

[501] *Toda tema*: (DRAE) «m. Idea fija en que alguien se obstina. U. t. c. femenino». Nunca obrar por obstinación. Véase le aforismo 142 (*Nunca por tema seguir el peor partido*).

[502] *postema*: (DRAE) «Absceso supurado», tumor; aquí, molestia. De nuevo el juego de palabras, «tema-postema», tan del gusto de Gracián. Gonzalo Correas (pág. 99), en su *Vocabulario de refranes...* (1627), recoge: «Cada loco con su tema, y cada llaga con su postema».

y regir, son perniciosos, porque hacen bando[503] del gobierno, y enemigos de los que habían de hacer hijos. Todo lo quieren disponer con traza y conseguir como fruto de su artificio; pero, en descubriéndoles el paradojo[504] humor, los demás luego se apuntan con ellos, procúranles estorbar sus quimeras, y así nada consiguen. Llévanse muchos hartazgos de enfados, y todos les ayudan al disgusto. Estos tienen el dictamen leso[505] y, tal vez, dañado el corazón. El modo de portarse con semejantes monstruos es huir a los antípodas, que mejor se llevará la barbaridad de aquellos que la fiereza de estos.

219

No ser tenido por hombre de artificio[506],

aunque no se puede ya vivir sin él. Antes prudente que astuto. Es agradable a todos la lisura en el trato, pero no a todos por su casa[507]. La sinceridad no dé en el extremo de simplicidad, ni la sagacidad, de astucia. Sea antes venerado por sabio que temido por reflejo[508]. Los sinceros son amados, pero engañados. El mayor artificio sea encubrirlo, que se tiene por engaño. Floreció en el Siglo de Oro

---

[503] *bando*: facción, partido.

[504] *paradojo*: véase el aforismo 143 (*No dar en paradojo por huir de vulgar*).

[505] *leso*: herido, dañado.

[506] *hombre de artificio*: hombre astuto.

[507] *por su casa*: a todos les gusta recibir un trato cordial, pero no tanto darlo («por su casa»). Gonzalo Correas (pág. 255), en su *Vocabulario de refranes…* (1627), recoge: «Justicia, justicia, mas no por mi casa».

[508] *Reflejo(a)*: Gracián emplea con frecuencia este término señalando «segundas intenciones». Véanse los aforismos 13 (*Obrar de intención, ya segunda, y ya primera*) y 45 (*Usar, no abusar, de las reflejas*).

la llaneza; en este de yerro[509], la malicia. El crédito de hombre que sabe lo que ha de hacer es honroso y causa confianza, pero el de artificioso es sofístico[510] y engendra recelo.

220

Cuando no puede uno vestirse la piel del león, vístase la de la vulpeja.
Saber ceder al tiempo[511] es exceder. El que sale con su intento nunca pierde reputación. A falta de fuerza, destreza[512]. Por un camino o por otro: o por el real[513] del valor, o por el atajo del artificio. Más cosas ha obrado la maña que la fuerza, y más veces vencieron los sabios a los valientes que al contrario. Cuando no se puede alcanzar la cosa, entra el desprecio[514].

---

[509] *yerro*: de nuevo, juego de palabras de Gracián: siglo de oro, siglo de yerro («hierro»).

[510] *sofístico*: falso. El *Diccionario de autoridades* en «Sofístico», recoge: «Cosa aparente, y fingida con sutileza».

[511] Para triunfar hay que adaptarse a las circunstancias, a la época. Cicerón (*A Ático*) lo expresa en una frase: *Tempori serviendum est* («debemos ser servidores de las circunstancias, de los tiempos»).

[512] Alude al conocido refrán: «Más vale maña que fuerza».

[513] *real (camino real)*: (DRAE) «Camino construido a expensas del Estado, más ancho que los otros, capaz para carruajes y que ponía en comunicación entre sí poblaciones de cierta importancia»; «Medio más fácil y seguro para la consecución de algún fin».

[514] Referencia clara a la fábula «La zorra y las uvas».

221

No ser ocasionado[515],

ni para empeñarse[516], ni para empeñar. Hay tropiezos del decoro, tanto propio como ajeno, siempre a punto de necedad. Encuéntranse con gran facilidad y rompen con infelicidad. No lo hacen al día con cien enfados. Tienen el humor al repelo[517], y así contradicen a cuantos y cuanto hay. Calzáronse el juicio al revés, y así todo lo reprueban. Pero los mayores tentadores de la cordura son los que nada hacen bien y de todo dicen mal, que hay muchos monstruos en el extendido país de la impertinencia.

222

Hombre detenido, evidencia de prudente.

Es fiera la lengua, que, si una vez se suelta, es muy dificultosa de poderse volver a encadenar. Es el pulso del alma por donde conocen los sabios su disposición. Aquí pulsan los atentos el movimiento del corazón. El mal es que el que había de serlo más es menos reportado. Excúsase el sabio enfados y empeños, y muestra cuán señor es de sí. Procede circunspecto[518], Jano[519] en la equivalencia,

---

[515] *ocasionado*: (DRAE) «Provocativo, molesto y mal acondicionado; que por su naturaleza y genio da fácilmente causa a desazones y riñas».

[516] Ni para responsabilizarse, ni para implicar a otros.

[517] *al repelo*: a contrapelo. El *Diccionario de autoridades* también recoge: «Se toma también por riña o encuentro ligero».

[518] *circunspecto*: prudente, discreto, reservado.

[519] *Jano*: dios de la mitología romana que tiene dos caras: una mira hacia adelante, y otra hacia atrás.

Argos[520] en la verificación. Mejor Momo[521] hubiera echado (de) menos los ojos en las manos que la ventanilla en el pecho.

223
No ser muy individuado[522],
o por afectar o por no advertir. Tienen algunos notable individuación, con acciones de manía, que son más defectos que diferencias. Y así como algunos son muy conocidos por alguna singular fealdad en el rostro, así estos por algún exceso en el porte. No sirve el individuarse sino de nota[523], con una impertinente especialidad que conmueve alternativamente en unos la risa, en otros el enfado.

224
Saber tomar las cosas.
Nunca al repelo[524], aunque vengan. Todas tienen haz y envés. La mejor y más favorable, si se toma por el corte, lastima. Al contrario, la más repugnante defiende, si por la empuñadura. Muchas fueron de pena que, si se consideraran las conveniencias, fueran de contento. En todo hay convenientes e inconvenientes: la destreza está en saber topar con la comodidad. Hace muy diferentes visos

---

[520] *Argos*: en la mitología griega era un gigante con cien ojos.

[521] *Momo*: Momo le recrimina a Vulcano que al hombre que ha hecho en su fragua no le haya puesto una ventana en el pecho para poder conocer los pensamientos y sentimientos de los hombres.

[522] *individuado*: señalado, singularizado. El *Diccionario de autoridades* dice en *individuar*: «Tratar de cada cosa con singularidad, y en particular».

[523] *nota*: (DRAE) «Reparo o censura desfavorable que se hace de las acciones y porte de alguien».

[524] *repelo*: véase el aforismo 221.

una misma cosa si se mira a diferentes luces: mírese por la de la felicidad. No se han de trocar los frenos al bien y al mal. De aquí procede que algunos en todo hallan el contento, y otros, el pesar. Gran reparo contra los reveses de la fortuna, y gran regla de vivir para todo tiempo y para todo empleo.

225

Conocer su defecto rey[525].

Ninguno vive sin él, contrapeso de la prenda relevante; y si le favorece la inclinación, apodérase a lo tirano. Comience a hacerle la guerra, publicando el cuidado contra él, y el primer paso sea el manifiesto, que, en siendo conocido, será vencido, y más si el interesado hace el concepto de él como los que notan[526]. Para ser señor de sí es menester ir sobre sí. Rendido este cabo de imperfecciones, acabarán todas.

226

Atención a obligar[527].

Los más no hablan ni obran como quien son, sino como les obligan. Para persuadir lo malo cualquiera sobra, porque lo malo es muy creído, aunque tal vez increíble. Lo más y lo mejor que tenemos depende de respeto ajeno. Conténtanse algunos con tener la razón de su parte; pero no basta, que es menester ayudarla con la

---

[525] *rey.* Gracián lo suele utilizar en aposición con valor adjetivo: importante, magnífico, extraordinario. Véanse los aforismos 7 (*Excusar victorias del patrón*, «atributo rey») y 34 (*Conocer su realce rey*).

[526] Igual que los demás lo notan, se dan cuenta de él.

[527] *obligar.* (DRAE) «Ganar la voluntad de alguien con beneficio u obsequios»; quedar obligado, dejar obligado a alguien. Es decir: atención, cortesía para ganarse el ánimo, la voluntad de los demás.

diligencia. Cuesta a veces muy poco el obligar y vale mucho[528]. Con palabras se compran obras. No hay alhaja[529] tan vil en esta gran casa del universo que una vez al año no sea menester; y aunque valga poco, hará gran falta. Cada uno habla del objeto según su afecto[530].

227

No ser de primera impresión.
Cásanse algunos con la primera información, de suerte que las demás son concubinas, y, como se adelanta siempre la mentira, no queda lugar después para la verdad. Ni la voluntad con el primer objeto, ni el entendimiento con la primera proposición se han de llenar, que es cortedad de fondo. Tienen algunos la capacidad de vasija nueva, que el primer olor la ocupa[531], tanto del mal licor como del bueno. Cuando esta cortedad llega a conocida es perniciosa, que da pie a la maliciosa industria. Previénense los malintencionados a teñir de su color la credulidad. Quede siempre lugar a la revista: guarde Alejandro la otra oreja[532] para la otra parte; quede

---

[528] Gonzalo Correas (pág. 129), en su *Vocabulario de refranes…* (1627), recoge varios refranes sobre esta idea: «Cortesía de boca, gana mucho a poca costa», «Cortesía de boca, mucho vale, y poco costa» y «Cortesía es bien hablar, cuesta poco y mucho vale».

[529] *alhaja*: (DRAE) «Adorno o mueble precioso».

[530] Clara referencia al refrán «Cada uno dice de la feria como le va en ella». (Correas, pág. 100).

[531] Gonzalo Correas (pág. 25), en su *Vocabulario de refranes…* (1627), recoge: «A la vasija nueva, dura (o queda) el resabio de lo que se echó en ella».

[532] *guarde Alejandro la otra oreja*: se cuenta que Alejandro Magno, cuando escuchaba las acusaciones, se tapaba una oreja con la mano; y preguntado que por qué lo hacía, respondió: «Reservo esta oreja para escuchar al acusado».

lugar para la segunda y tercera información. Arguye incapacidad el impresionarse, y está cerca del apasionarse.

228
No tener voz de mala voz[533].
Mucho menos tener tal opinión[534], que es tener fama de contrafamas. No sea ingenioso a costa ajena, que es más odioso que dificultoso. Vénganse todos de él diciendo mal todos de él; y, como es solo y ellos muchos, más presto será él vencido que convencidos ellos. Lo malo nunca ha de contentar, pero ni comentarse. Es el murmurador para siempre aborrecido y, aunque a veces personajes grandes atraviesen con él, será más por gusto de su fisga que por estimación de su cordura. Y el que dice mal siempre oye peor[535].

229
Saber repartir su vida a lo discreto[536]:
no como se vienen las ocasiones, sino por providencia y delecto. Es penosa sin descansos, como jornada larga sin mesones. Hácela dichosa la variedad erudita. Gástese la primera estancia del bello vivir en hablar con los muertos: nacemos para saber y sabernos, y

---

[533] *mala voz:* (DRAE) «Tacha, denuncia o reclamación contra el crédito de alguien o contra la legítima posesión o la libertad de algo». No ser difamador: véase el aforismo 86 (*Prevenir las malas voces*).

[534] *opinión:* fama.

[535] Gonzalo Correas (pág. 421), en su *Vocabulario de refranes...* (1627), recoge varios refranes sobre esta idea: «Quien mal dice, mal ha de oír»; «Quien mal dice, mal oye»; «Quien mal dice, peor oye»; «Quien mal habla, peor ha de oír»; y «Quien mal habla, peor oye».

[536] En *El discreto*, el *realce* XXV, el último («Culta repartición de la vida de un discreto»), lleva un título parecido y trata el mismo tema.

los libros con fidelidad nos hacen personas. La segunda jornada se emplee con los vivos: ver y registrar todo lo bueno del mundo; no todas las cosas se hallan en una tierra; repartió los dotes el Padre universal, y a veces enriqueció más la fea. La tercera jornada sea toda para sí: última felicidad, el filosofar.

230
Abrir los ojos con tiempo.
No todos los que ven han abierto los ojos, ni todos los que miran ven. Dar en la cuenta[537] tarde no sirve de remedio, sino de pesar. Comienzan a ver algunos cuando no hay qué: deshicieron sus casas y sus cosas antes de hacerse ellos. Es dificultoso dar entendimiento a quien no tiene voluntad, y más dar voluntad a quien no tiene entendimiento. Juegan con ellos los que les van alrededor como con ciegos, con risa de los demás. Y porque son sordos para oír, no abren los ojos para ver. Pero no falta quien fomenta esta insensibilidad, que consiste su ser en que ellos no sean. Infeliz caballo cuyo amo no tiene ojos: mal engordará[538].

231
Nunca permitir a medio hacer las cosas:
gócense en su perfección. Todos los principios son informes, y queda después la imaginación de aquella deformidad: la memoria de haberlo visto imperfecto no lo deja lograr acabado. Gozar de un golpe el objeto grande, aunque embaraza el juicio de las partes, de

---

[537] Caer en la cuenta.

[538] De nuevo Gracián juega con un refrán; Gonzalo Correas (págs. 308 y 371), en su *Vocabulario de refranes...* (1627), recoge varios refranes sobre esta idea: «El mejor pienso del caballo es el ojo de su amo; y con la cebada que le sobra fregarle la cola»; «El ojo del amo engorda al caballo»; «El ojo del señor es el pienso mejor».

por sí adecua el gusto. Antes de ser todo es nada, y en el comenzar a ser se está aún muy dentro de su nada. El ver guisar el manjar más regalado sirve antes de asco que de apetito. Recátese, pues, todo gran maestro de que le vean sus obras en embrión. Aprenda de la naturaleza a no exponerlas hasta que puedan parecer.

232
Tener un punto de negociante.
No todo sea especulación, haya también acción. Los muy sabios son fáciles de engañar porque, aunque saben lo extraordinario, ignoran lo ordinario del vivir, que es más preciso. La contemplación de las cosas sublimes no les da lugar para las manuales[539]; y como ignoran lo primero que habían de saber, y en que todos parten un cabello[540], o son admirados o son tenidos por ignorantes del vulgo superficial. Procure, pues, el varón sabio tener algo de negociante, lo que baste para no ser engañado y aun reído. Sea hombre de lo agible[541], que, aunque no es lo superior, es lo más preciso del vivir. ¿De qué sirve el saber, si no es práctico? Y el saber vivir es hoy el verdadero saber.

233
No errarle el golpe al gusto[542],
que es hacer un pesar por un placer. Con lo que piensan obligar algunos, enfadan por no comprender los genios. Obras hay que

---

[539] *manual:* (DRAE) «Casero, de fácil ejecución».

[540] *cortar un cabello:* (DRAE) *cortar (partir) un cabello en el aire:* «Tener gran perspicacia o viveza en comprender las cosas».

[541] *agible:* (DRAE) «Factible o hacedero».

[542] Se refiere al gusto ajeno.

para unos son lisonja y para otros, ofensa; y el que se creyó servicio fue agravio. Costó a veces más el dar disgusto que hubiera costado el hacer placer. Pierden el agradecimiento y el don porque perdieron el norte del agradar. Si no se sabe el genio ajeno, mal se le podrá satisfacer; de aquí es que algunos pensaron decir un elogio y dijeron un vituperio, que fue bien merecido castigo. Piensan otros entretener con su elocuencia y aporrean el alma con su locuacidad.

234

Nunca fiar reputación sin prendas de honra ajena[543].

Hase de ir a la parte del provecho en el silencio, del daño en la facilidad[544]. En intereses de honra siempre ha de ser el trato de compañía, de suerte que la propia reputación haga cuidar de la ajena. Nunca se ha de fiar, pero, si alguna vez, sea con tal arte que pueda ceder la prudencia a la cautela. Sea el riesgo común y recíproca la causa para que no se le convierta en testigo el que se reconoce partícipe.

235

Saber pedir.

No hay cosa más dificultosa para algunos ni más fácil para otros. Hay unos que no saben negar[545]; con estos no es menester ganzúa. Hay otros que el *no* es su primera palabra a todas horas; con estos es menester la industria. Y con todos, la sazón: un coger los espíritus

---

[543] No fiar nunca a otro la propia reputación si no tenemos el prestigio ajeno como escudo protector.

[544] *Hace de ir…en la facilidad:* se han de conseguir los mismos beneficios o provechos del silencio que inconvenientes o daños del hablar de la propia reputación.

[545] Véase el aforismo 70 (*Saber negar*).

alegres, o por el pasto[546] antecedente del cuerpo o por el del ánimo. Si ya la atención del reflejo[547] que atiende no previene la sutileza en el que intenta, los días del gozo son los del favor, que redunda del interior a lo exterior. No se ha de llegar cuando se ve negar a otro, que está perdido el miedo al *no*. Sobre tristeza no hay buen lance. El obligar de antemano es cambio donde no corresponde la villanía.

236
Hacer obligación antes de lo que había de ser premio después
es destreza de grandes políticos. Favores antes de méritos son prueba de hombres de obligación. El favor así anticipado tiene dos eminencias: que con lo pronto del que da[548] obliga más al que recibe. Un mismo don, si después es deuda, antes es empeño. Sutil modo de transformar obligaciones, que la que había de estar en el superior, para premiar, recae en el obligado, para satisfacer. Esto se entiende con gente de obligaciones, que para hombres viles más sería poner freno que espuela, anticipando la paga del honor.

---

[546] *por el pasto antecedente del cuerpo... del ánimo*: satisfecho el alimento del cuerpo y el del espíritu.

[547] *Reflejo(a)*: engaño, artimaña. Gracián emplea con frecuencia este término señalando «segundas intenciones».Véanse los aforismos 13 (*Obrar de intención, ya segunda, y ya primera*) y 45 (*Usar, no abusar, de las reflejas*).

[548] Gonzalo Correas (pág. 425), en su *Vocabulario de refranes...* (1627), recoge: «Quien presto da, dos veces da».

237
Nunca partir secretos con mayores[549].

Pensará partir peras y partirá piedras[550]. Perecieron muchos de confidentes: son estos como cuchar de pan[551], que corre el mismo riesgo después. No es favor del príncipe, sino pecho, el comunicarlo. Quiebran muchos el espejo porque les acuerda la fealdad. No puede ver al que le pudo ver, ni es bien visto el que vio mal. A ninguno se ha de tener muy obligado, y al poderoso menos; sea antes con beneficios hechos que con favores recibidos. Sobre todo, son peligrosas confianzas de amistad. El que comunicó sus secretos a otro hízose esclavo[552] de él, y en soberanos es violencia que no puede durar. Desean volver a redimir la libertad perdida, y para esto atropellarán con todo, hasta la razón. Los secretos, pues, ni oírlos, ni decirlos.

238
Conocer la pieza que le falta.
Fueran muchos muy personas si no les faltara un algo, sin el cual nunca llegan al colmo del perfecto ser. Nótase en algunos que pu-

---

[549] No comunicar, no compartir los secretos con el superior o los superiores.

[550] Gonzalo Correas (pág. 185), en su *Vocabulario de refranes…* (1627), recoge el refrán: «En burlas ni en veras, con tu señor no partas peras; darte ha las duras, y comerse ha las maduras»; y añade la variante: «Con tu amo, con tu mayor; o con el mayor que tú, no partas peras».

[551] *cuchar(a) de pan*: Gonzalo Correas (pág. 168), en su *Vocabulario de refranes…* (1627), recoge el refrán: «Dure lo que durare, como cuchara de pan»; dando a entender que por su poca consistencia durará muy poco.

[552] Gonzalo Correas (pág. 60), en su *Vocabulario de refranes…* (1627), recoge estos dos refranes: «A quien dices tu poridad, a ese das tu libertad»; «A quien dices tu secreto, das tu libertad y estás sujeto».

dieran ser mucho si repararan en bien poco. Háceles falta la seriedad, con que deslucen grandes prendas; a otros, la suavidad de la
condición, que es falta que los familiares[553] echan presto menos,
y más en personas de puesto. En algunos se desea lo ejecutivo,
y en otros lo reportado. Todos estos desaires, si se advirtiesen,
se podrían suplir con facilidad, que el cuidado puede hacer de la
costumbre segunda naturaleza.

239
No ser reagudo[554]:
más importa prudencial. Saber más de lo que conviene es despun-
tar, porque las sutilezas comúnmente quiebran. Más segura es la
verdad asentada. Bueno es tener entendimiento, pero no bachillería[555]. El mucho discurrir ramo es de cuestión[556]. Mejor es un buen
juicio sustancial que no discurre más de lo que importa.

240
Saber usar de la necedad[557].
El mayor sabio juega tal vez de esta pieza, y hay tales ocasiones
que el mejor saber consiste en mostrar no saber. No se ha de ignorar, pero sí afectar que se ignora. Con los necios poco importa

---

[553] *familiares*: amigos y criados domésticos.

[554] No ser demasiado perspicaz, resabido.

[555] *bachillería*: (DRAE) «coloq. p. us. Locuacidad impertinente».

[556] *ramo es de cuestión*: *ramo*: (DRAE) «Cada una de las partes en que se considera dividida una ciencia, arte, industria». *Cuestión*: riña, pendencia.

[557] Véanse los aforismos 120 (*Vivir a lo práctico*) y 133 (*Antes loco con todos
que cuerdo a solas*).

ser sabio y con los locos cuerdo: hásele de hablar a cada uno en su lenguaje. No es necio el que afecta la necedad, sino el que la padece. La sencilla lo es, que no la doble[558], que hasta esto llega el artificio. Para ser bienquisto, el único medio, vestirse la piel del más simple de los brutos.

241

Las burlas sufrirlas, pero no usarlas:
aquello es especie de galantería, esto de empeño. El que en la fiesta se desazona mucho tiene de bestia, y muestra más. Es gustosa la burla; sobrado saberla sufrir es argumento de capacidad. Da pie el que se pica a que le repiquen. A lo mejor se han de dejar[559], y lo más seguro es no levantarlas: las mayores veras nacieron siempre de las burlas. No hay cosa que pida más atención y destreza. Antes de comenzar se ha de saber hasta qué punto de sufrir llegará el genio del sujeto.

242

Seguir los alcances[560].
Todo se les va a algunos en comenzar, y nada acaban. Inventan, pero no prosiguen: inestabilidad de genio. Nunca consiguen alabanza, porque nada prosiguen; todo para en parar. Si bien nace en otros de impaciencia de ánimo, tacha de españoles, así como la paciencia es ventaja de los belgas. Estos acaban las cosas, aquellos acaban con ellas: hasta vencer la dificultad sudan, y conténtanse con el vencer; no saben llevar al cabo la victoria; prueban que

---

[558] *doble*: simulada, fingida; la necedad doble, fingida, no lo es.

[559] *A lo mejor se han de dejar*: las burlas se han de dejar en lo mejor.

[560] Proseguir una empresa, un proyecto, hasta culminarlo.

pueden, mas no quieren. Pero siempre es defecto, de imposibilidad o liviandad. Si la obra es buena, ¿por qué no se acaba?; y si mala, ¿por qué se comenzó? Mate, pues, el sagaz la caza[561], no se le vaya todo en levantarla.

243
No ser todo columbino[562].
Altérnense la calidez[563] de la serpiente con la candidez de la paloma. No hay cosa más fácil que engañar a un hombre de bien. Cree mucho el que nunca miente y confía mucho el que nunca engaña. No siempre procede de necio el ser engañado, que tal vez de bueno. Dos géneros de personas previenen mucho los daños: los escarmentados, que es muy a su costa, y los astutos, que es muy a la ajena. Muéstrese tan extremada la sagacidad para el recelo como la astucia para el enredo, y no quiera uno ser tan hombre de bien, que ocasione al otro el serlo de mal. Sea uno mixto de paloma y de serpiente; no monstruo, sino prodigio.

244
Saber obligar[564].
Transforman algunos el favor propio en ajeno, y parece, o dan a entender, que hacen merced cuando la reciben. Hay hombres tan

---

[561] Nos recuerda el refrán: «Uno levanta la caza y otro la mata».

[562] *columbino*: (DRAE) «Semejante a la paloma en el aspecto o en alguna de las cualidades que se le atribuyen, especialmente el candor y la sencillez del ánimo».; es decir, no ser ingenuo.

[563] *calidez*: (DRAE) «Calor, ardor», astucia.

[564] *obligar*: (DRAE) «Ganar la voluntad de alguien con beneficio u obsequios». Véase el aforismo 226 (*Atención a obligar*).

advertidos que honran pidiendo y truecan el provecho suyo en honra del otro. De tal suerte trazan las cosas que parezca que los otros les hacen servicio cuando les dan, trastrocando con extravagante política el orden del obligar. Por lo menos ponen en duda quién hace favor a quién. Compran a precio de alabanzas lo mejor, y del mostrar gusto de una cosa hacen honra y lisonja. Empeñan la cortesía, haciendo deuda de lo que había de ser su agradecimiento. De esta suerte truecan la obligación de pasiva en activa, mejores políticos que gramáticos. Gran sutileza esta, pero mayor lo sería el entendérsela, destrocando la necedad, volviéndoles su honra y cobrando cada uno su provecho.

245
Discurrir tal vez a lo singular y fuera de lo común:
arguye superioridad de caudal. No ha de estimar al que nunca se le opone, que no es señal de amor que le tenga, sino del que él se tiene. No se deje engañar de la lisonja pagándola, sino condenándola. También tenga por crédito el ser murmurado de algunos, y más de aquellos que de todos los buenos dicen mal. Pésele de que sus cosas agraden a todos, que es señal de no ser buenas, que es de pocos lo perfecto.

246
Nunca dar satisfacción a quien no la pedía;
y aunque se pida, es especie de delito si es sobrada. El excusarse antes de ocasión es culparse[565] y el sangrarse[566] en salud es hacer del

---

[565] Nos recuerda la locución latina *Excusatio non petita, accusatio manifesta* («excusa no pedida, acusación evidente y clara»).

[566] *sangrar:* abrir o punzar una vena a alguien y dejar salir determinada cantidad de sangre, y así sanar determinadas enfermedades; por ello «sangrarse en salud», es

ojo al mal, y a la malicia. La excusa anticipada despierta el recelo
que dormía. Ni se ha de dar el cuerdo por entendido de la sospecha
ajena, que es salir a buscar el agravio. Entonces la ha de procurar
desmentir con la entereza de su proceder.

247
Saber un poco más y vivir un poco menos.
Otros discurren al contrario. Más vale el buen ocio que el negocio.
No tenemos cosa nuestra sino el tiempo. ¿Dónde vive quien no
tiene lugar? Igual infelicidad es gastar la preciosa vida en tareas
mecánicas que en demasía de las sublimes; ni se ha de cargar de
ocupaciones, ni de envidia: es atropellar el vivir y ahogar el ánimo.
Algunos lo extienden al saber, pero no se vive si no se sabe.

248
No se le lleve el último.
Hay hombres de última información, que va por extremos la impertinencia. Tienen el sentir y el querer de cera: el último sella y
borra los demás. Estos nunca están ganados, porque con la misma
facilidad se pierden. Cada uno los tiñe de su color. Son malos para
confidentes, niños de toda la vida; y así, con variedad en los juicios
y afectos, andan fluctuando, siempre cojos de voluntad y de juicio,
inclinándose a una y a otra parte.

249
No comenzar a vivir por donde se ha de acabar.
Algunos toman el descanso al principio y dejan la fatiga para el fin.
Primero ha de ser lo esencial y después, si quedare lugar, lo acceso-

---

decir, cuando se está sano, es llamar al mal, «hacer del ojo» (guiñar con complicidad
el ojo) a «la malicia».

rio. Quieren otros triunfar antes de pelear. Algunos comienzan a saber por lo que menos importa, y los estudios de crédito y utilidad dejan para cuando se les acaba el vivir. No ha comenzado a hacer fortuna el otro cuando ya se desvanece[567]. Es esencial el método para saber y poder vivir.

250

¿Cuándo se ha de discurrir al revés?

Cuando nos hablan a la malicia. Con algunos todo ha de ir al encontrado: el *sí* es *no* y el *no* es *sí*. El decir mal de una cosa se tiene por estimación de ella, que el que la quiere para sí la desacredita para los otros[568]. No todo alabar es decir bien, que algunos, por no alabar los buenos, alaban también los malos; y para quien ninguno es malo, ninguno será bueno.

251

Hanse de procurar los medios humanos como si no hubiese divinos, y los divinos como si no hubiese humanos.

Regla de gran maestro[569]; no hay que añadir comento.

252

Ni todo suyo, ni todo ajeno[570]:

es una vulgar tiranía. Del quererse todo para sí se sigue luego querer todas las cosas para sí. No saben estos ceder en la más mínima,

---

[567] *desvanecerse*: envanecerse, engreírse.

[568] Véase el aforismo 205 (*Saber jugar del desprecio*).

[569] Se refiere a san Ignacio de Loyola, fundador de la Compañía de Jesús, a la que perteneció Gracián.

[570] No estar del todo pendiente de sí mismo, ni del todo, de los demás.

ni perder un punto de su comodidad. Obligan poco, fíanse en su fortuna, y suele falsearles el arrimo. Conviene tal vez ser de otros para que los otros sean de él, y quien tiene empleo común ha de ser esclavo común, o «renuncie el cargo con la carga», dirá la vieja a Adriano. Al contrario, otros todos son ajenos, que la necedad siempre va por demasías, y aquí infeliz: no tienen día, ni aun hora suya, con tal exceso de ajenos, que alguno fue llamado «el de todos». Aun en el entendimiento, que para todos saben y para sí ignoran. Entienda el atento que nadie le busca a él, sino su interés en él o por él.

253
No allanarse sobrado[571] en el concepto.
Los más no estiman lo que entienden, y lo que no perciben lo veneran. Las cosas, para que se estimen, han de costar[572]. Será celebrado cuando no fuere entendido. Siempre se ha de mostrar uno más sabio y prudente de lo que requiere aquel con quien trata para el concepto, pero con proporción, más que exceso. Y si bien con los entendidos vale mucho el seso en todo, para los más es necesario el remonte[573]. No se les ha de dar lugar a la censura, ocupándolos en el entender. Alaban muchos lo que, preguntados, no saben dar razón. ¿Por qué? Todo lo recóndito veneran por misterio y lo celebran porque oyen celebrarlo.

---

[571] No ser demasiado llano o sencillo al explicar las ideas.

[572] Gonzalo Correas (pág. 273), en su *Vocabulario de refranes…* (1627), recoge el refrán: «Lo que poco cuesta, poco se precia; o poco se estima».

[573] *remonte*: el *Diccionario de autoridades* recoge: «La acción de encumbrarse o elevarse».

254
No despreciar el mal por poco,

que nunca viene uno solo[574]. Andan encadenados, así como las felicidades. Van la dicha y la desdicha de ordinario adonde más hay[575]; y es que todos huyen del desdichado y se arriman al venturoso. Hasta las palomas, con toda su sencillez, acuden al homenaje[576] más blanco. Todo le viene a faltar a un desdichado: él mismo a sí mismo, el discurso y el conhorte[577]). No se ha de despertar la desdicha cuando duerme[578]. Poco es un deslizar, pero síguese aquel fatal despeño, sin saber dónde se vendrá a parar, que así como ningún bien fue del todo cumplido, así ningún mal del todo acabado. Para el que viene del cielo es la paciencia; para el que del suelo, la prudencia.

255
Saber hacer el bien:

poco, y muchas veces. Nunca ha de exceder el empeño a la posibilidad. Quien da mucho no da, sino que vende[579]. No se ha de apurar el agradecimiento, que, en viéndose imposibilitado, quebrará la

---

[574] Gonzalo Correas (págs. 85 y 192), en su *Vocabulario de refranes...* (1627), recoge estos refranes: «Bien vengas, mal, si vienes solo» y «En hora buena vengas, mal, si venís solo»; y comenta Correas: «Porque suelen seguírsele otros».

[575] De nuevo Correas (pág. 12): «¿Adónde vas, mal? Adonde más hay».

[576] *homenaje*: se refiere a la «torre del homenaje»: (DRAE) «Torre dominante y más fuerte, en la que el castellano o gobernador hacía juramento de guardar fidelidad y de defender la fortaleza con valor».

[577] *conhorte*: consuelo (arcaísmo).

[578] De nuevo Gonzalo Correas (pág. 138): «Cuando la mala ventura se duerme, nadie la dispierte».

[579] De ahí el refrán: «Quien bien da, bien vende, si no es necio el que prende».

correspondencia. No es menester más para perder a muchos que obligarlos[580] con demasía. Por no pagar se retiran y dan en enemigos, de obligados. El ídolo nunca querría ver delante al escultor que lo labró, ni el empeñado, su bienhechor al ojo. Gran sutileza del dar, que cueste poco y se desee mucho, para que se estime más.

256
Ir siempre prevenido:
contra los descorteses, porfiados, presumidos y todo género de necios. Encuéntranse muchos, y la cordura está en no encontrarse con ellos. Ármese cada día de propósitos al espejo de su atención, y así vencerá los lances de la necedad. Vaya sobre el caso, y no expondrá a vulgares contingencias su reputación: varón prevenido de cordura no será combatido de impertinencia. Es dificultoso el rumbo del humano trato, por estar lleno de escollos del descrédito; el desviarse[581] es lo seguro, consultando a Ulises de astucia. Vale aquí mucho el artificioso desliz. Sobre todo, eche por la galantería, que es el único atajo de los empeños.

257
Nunca llegar a rompimiento,
que siempre sale de él descalabrada la reputación. Cualquiera vale para enemigo, no así para amigo. Pocos pueden hacer bien, y casi todos mal. No anida segura el águila en el mismo seno de Júpiter

---

[580] *obligar*: (DRAE) «Ganar la voluntad de alguien con beneficio u obsequios». Véase el aforismo 226 (*Atención a obligar*).

[581] *desviarse es lo seguro*: Ulises, gracias a su astucia, se desvió para esquivar a Circe y a las sirenas.

el día que rompe con un escarabajo[582]: con la zarpa del declarado irritan los disimulados el fuego, que estaban a la espera de la ocasión. De los amigos maleados salen los peores enemigos; cargan con defectos ajenos el propio en su afición. De los que miran, cada uno habla como siente y siente como desea, condenando todos, o en los principios, de falta de providencia, o en los fines, de espera; y siempre de cordura. Si fuere inevitable el desvío[583], sea excusable, antes con tibieza de favor que con violencia de furor. Y aquí viene bien aquello de una bella retirada.

258
Buscar quien le ayude a llevar las infelicidades.
Nunca será solo, y menos en los riesgos, que sería cargarse con todo el odio. Piensan algunos alzarse con toda la superintendencia, y álzanse con toda la murmuración. De esta suerte tendrá quien le excuse o quien le ayude a llevar el mal. No se atreven tan fácilmente a dos, ni la fortuna, ni la vulgaridad, y aun por eso el médico sagaz, ya que erró la cura, no yerra en buscar quien, a título de consulta, le ayude a llevar el ataúd: repártese el peso y el pesar, que la desdicha a solas se redobla para intolerable.

259
Prevenir las injurias y hacer de ellas favores.
Más sagacidad es evitarlas que vengarlas. Es gran destreza hacer confidente del que había de ser émulo[584], convertir en reparos de

---

[582] Se refiere a la fábula de Esopo «El águila y el escarabajo», cuya moraleja es: no hay enemigo pequeño; por tanto, nunca desprecies al que parece insignificante, porque no hay ningún ser tan débil que no pueda vengarse.

[583] *desvío*: el rompimiento, el desapego.

[584] *émulo*: (DRAE) «Competidor o imitador de alguien o de algo, procurando excederlo o aventajarlo». Véase el aforismo 13.

su reputación los que la amenazaban tiros. Mucho vale el saber obligar: quita el tiempo para el agravio el que lo ocupó con el agradecimiento. Y es saber vivir convertir en placeres los que habían de ser pesares. Hágase confidencia de la misma malevolencia.

260

Ni será ni tendrá a ninguno todo por suyo.
No son bastantes la sangre, ni la amistad, ni la obligación más apretante, que va grande diferencia de entregar el pecho o la voluntad. La mayor unión admite excepción; ni por eso se ofenden las leyes de la fineza. Siempre se reserva algún secreto para sí el amigo, y se recata en algo el mismo hijo de su padre; de unas cosas se celan con unos que comunican a otros, y al contrario, con que se viene uno a conceder todo y negar todo, distinguiendo los términos de la correspondencia.

261

No proseguir la necedad[585].
Hacen algunos empeño del desacierto y, porque comenzaron a errar, les parece que es constancia el proseguir. Acusan en el foro[586] interno su yerro, y en el externo lo excusan, con que, si cuando comenzaron la necedad fueron notados de inadvertidos, al proseguirla son confirmados en necios. Ni la promesa inconsiderada, ni la resolución errada inducen obligación. De esta suerte continúan algunos su primera grosería y llevan adelante su cortedad: quieren ser constantes impertinentes.

---

[585] Véase el aforismo 214 (*No hacer de una necedad dos*).

[586] *foro*: (DRAE) «desus. fuero».

262

Saber olvidar:

más es dicha que arte. Las cosas que son más para olvidadas son las más acordadas. No solo es villana la memoria para faltar cuando más fue menester, pero necia para acudir cuando no convendría: en lo que ha de dar pena es prolija y en lo que había de dar gusto es descuidada. Consiste a veces el remedio del mal en olvidarlo, y olvídase el remedio. Conviene, pues, hacerla a tan cómodas costumbres, porque basta a dar felicidad o infierno. Exceptúanse los satisfechos, que en el estado de su inocencia gozan de su simple felicidad.

263

Muchas cosas de gusto no se han de poseer en propiedad.

Más se goza de ellas ajenas que propias. El primer día es lo bueno para su dueño, los demás para los extraños. Gózanse las cosas ajenas con doblada fruición, esto es, sin el riesgo del daño y con el gusto de la novedad. Sabe todo mejor a privación: hasta el agua ajena se miente néctar. El tener las cosas, a más de que disminuye la fruición, aumenta el enfado tanto de prestarlas como de no prestarlas. No sirve sino de mantenerlas para otros, y son más los enemigos que se cobran que los agradecidos.

264

No tenga días de descuido.

Gusta la suerte de pegar una burla, y atropellará todas las contingencias para coger desapercibido. Siempre han de estar a prueba el ingenio, la cordura y el valor; hasta la belleza, porque el día de su confianza será el de su descrédito. Cuando más fue menester el cuidado, faltó siempre, que el no pensar es la zancadilla del perecer. También suele ser estratagema de la ajena atención coger al descuido las perfecciones para el riguroso examen del apreciar.

Sábense ya los días de la ostentación, y perdónalos la astucia, pero el día que menos se esperaba, ese escoge para la tentativa del valer.

265
Saber empeñar los dependientes.
Un empeño en su ocasión hizo personas a muchos, así como un ahogo saca nadadores. De esta suerte descubrieron muchos el valor, y aun el saber, que quedara sepultado en su encogimiento si no se hubiera ofrecido la ocasión. Son los aprietos lances de reputación, y puesto el noble en contingencias de honra, obra por mil. Supo con eminencia esta lección de empeñar la católica reina Isabela, así como todas las demás; y a este político favor debió el Gran Capitán su renombre, y otros muchos su eterna fama: hizo grandes hombres con esta sutileza.

266
No ser malo de puro bueno.
Eslo el que nunca se enoja: tienen poco de personas los insensibles. No nace siempre de indolencia, sino de incapacidad. Un sentimiento en su ocasión es acto personal. Búrlanse luego las aves de las apariencias de bultos. Alternar lo agrio con lo dulce es prueba de buen gusto: sola la dulzura es para niños y necios. Gran mal es perderse de puro bueno[587] en este sentido de insensibilidad.

---

[587] Gonzalo Correas (pág. 212), en su *Vocabulario de refranes…* (1627), recoge el refrán: «Es tan bueno que de bueno se pierde».

267
Palabras de seda, con suavidad de condición.
Atraviesan el cuerpo las jaras[588], pero las malas palabras, el alma. Una buena pasta hace que huela bien la boca. Gran sutileza del vivir, saber vender el aire. Lo más se paga con palabras, y bastan ellas a desempeñar una imposibilidad. Negóciase en el aire con el aire, y alienta mucho el aliento soberano. Siempre se ha de llevar la boca llena de azúcar para confitar palabras, que saben bien a los mismos enemigos. Es el único medio para ser amable el ser apacible.

268
Haga al principio el cuerdo lo que el necio al fin[589].
Lo mismo obra el uno que el otro; solo se diferencian en los tiempos: aquel en su sazón y este sin ella. El que se calzó al principio el entendimiento al revés, en todo lo demás prosigue de ese modo: lleva entre pies lo que había de poner sobre su cabeza, hace siniestra de la diestra, y así es tan zurdo en todo su proceder. Solo hay un buen caer en la cuenta. Hacen por fuerza lo que pudieran de grado; pero el discreto luego ve lo que se ha de hacer, tarde o temprano, y ejecútalo con gusto y con reputación.

---

[588] *jara*: (DRAE) «Palo de punta aguzada y endurecido al fuego, que se emplea como arma arrojadiza».

[589] Gonzalo Correas (pág. 272), en su *Vocabulario de refranes...* (1627), recoge estos dos refranes: «Lo que hace el necio a la postre, eso hace el sabio al principio» y «Lo que hace el necio al cabo, eso hace al principio el sabio».

269

Válgase de su novedad,

que, mientras fuere nuevo, será estimado. Aplace[590] la novedad, por la variedad, universalmente; refréscase el gusto y estímase más una medianía flamante que un extremo acostumbrado. Rózanse las eminencias y viénense a envejecer; y advierta que durará poco esa gloria de novedad: a cuatro días le perderán el respeto. Sepa, pues, valerse de esas primicias de la estimación y saque en la fuga del agradar todo lo que pudiera pretender; porque, si se pasa el calor de lo reciente, resfriarase la pasión, y trocarse ha el agrado de nuevo en enfado de acostumbrado, y crea que todo tuvo también su vez, y que pasó.

270

No condenar solo lo que a muchos agrada.

Algo hay bueno, pues satisface a tantos; y, aunque no se explica, se goza. La singularidad siempre es odiosa y, cuando errónea, ridícula; antes desacreditará su mal concepto que el objeto; quedarse ha solo con su mal gusto. Si no sabe topar con lo bueno, disimule su cortedad y no condene a bulto, que el mal gusto ordinariamente nace de la ignorancia. Lo que todos dicen, o es o quiere ser[591].

---

[590] *aplacer.* (DRAE) «intr. p. us. Agradar, contentar. U. t. c. prnl». Gonzalo Correas (págs. 262 y 482), en su *Vocabulario de refranes...* (1627), recoge estos tres refranes: «Las cosas nuevas aplacen, y las viejas satisfacen», «Todo lo nuevo aplace, aunque sea contra razón» y «Todo lo nuevo aplace y lo viejo satisface».

[591] Se trata de un refrán. Gonzalo Correas (pág. 274), en su *Vocabulario de refranes...* (1627), lo recoge igual y con una pequeña variante: «Lo que se dice, o es, o quiere ser»; y «Lo que todos dicen, o es, o quiere ser».

271

El que supiere poco téngase siempre a lo más seguro[592] *en toda profesión,*

que, aunque no le tengan por sutil, le tendrán por fundamental. El que sabe puede empeñarse y obrar de fantasía[593]; pero saber poco y arriesgarse es voluntario precipicio. Téngase siempre a la mano derecha, que no puede faltar lo asentado[594]. A poco saber, camino real[595]; y a toda ley, tanto del saber como del ignorar, es más cuerda la seguridad que la singularidad.

272

Vender las cosas a precio de cortesía,

que es obligar más. Nunca llegará el pedir del interesado al dar del generoso obligado. La cortesía no da, sino que empeña, y es la galantería la mayor obligación. No hay cosa más cara para el hombre de bien que la que se le da: es venderla dos veces[596], y a dos precios,

---

[592] Cuando se sabe poco de una ocupación o actividad, debemos ceñirnos a lo seguro.

[593] *fantasía*: (DRAE) «coloq. desus. Presunción, arrogancia o gravedad afectada»; es decir, actuar sin reflexión, como quiera.

[594] No faltará el camino firme.

[595] *camino real*: (DRAE) «Camino construido a expensas del Estado, más ancho que los otros, capaz para carruajes y que ponía en comunicación entre sí poblaciones de cierta importancia»; «Medio más fácil y seguro para la consecución de algún fin» Véase el aforismo 220. Gonzalo Correas (pág. 404), en su *Vocabulario de refranes...* (1627), recoge: «Por ningún tempero no dejes el camino por el sendero».

[596] El refrán «El que regala bien vende, si el que recibe lo entiende» gira en torno a lo recogido en este aforismo.

del valor y de la cortesía. Verdad es que para el ruin es algarabía[597] la galantería, porque no entiende los términos del buen término.

273
Comprensión de los genios con quien trata:
para conocer los intentos. Conocida bien la causa, se conoce el efecto, antes en ella y después en su motivo. El melancólico siempre agüera[598] infelicidades, y el maldiciente, culpas: todo lo peor se les ofrece y, no percibiendo el bien presente, anuncian el posible mal. El apasionado siempre habla con otro lenguaje diferente de lo que las cosas son; habla en él la pasión, no la razón. Y cada uno, según su afecto o su humor; y todos muy lejos de la verdad. Sepa descifrar un semblante y deletrear el alma en los[599] señales. Conozca al que siempre ríe por falto, y al que nunca, por falso. Recátese del preguntador, o por fácil, o por notante[600]. Espere poco bueno del de mal gesto, que suelen vengarse de la naturaleza estos, y así como ella los honró poco a ellos, la honran poco a ella: tanta suele ser la necedad cuanta fuere la hermosura.

---

[597] *algarabía*: (DRAE) «coloq. Gritería confusa de varias personas que hablan a un tiempo»; es decir, algo incomprensible.

[598] *agüerar*: (DRAE) «desus. agorar: predecir, anunciar, generalmente desdichas».

[599] *los señales*: lógicamente es «las señales»; pero entonces también se utilizaba en masculino.

[600] *notante*: observador, que advierte bien las cosas; es un participio presente, hoy desaparecido. También aparece en el aforismo 49 (*Hombre juicioso y notante*).

274
Tener la atractiva[601],

que es un hechizo políticamente cortés. Sirva el garabato[602] galante más para atraer voluntades que utilidades, o para todo. No bastan méritos si no se valen del agrado, que es el que da la plausibilidad, el más práctico instrumento de la soberanía. Un caer en picadura[603] es suerte, pero socórrese del artificio, que donde hay gran natural asienta mejor lo artificial. De aquí se origina la pía afición[604], hasta conseguir la gracia universal.

275
Corriente, pero no indecente.

No esté siempre de figura[605] y de enfado; es ramo de galantería. Hase de ceder en algo al decoro para ganar la afición común. Alguna vez puede pasar por donde los más; pero sin indecencia, que quien es tenido por necio en público no será tenido por cuerdo en secreto. Más se pierde en un día genial[606] que se ganó en toda

---

[601] *Tener la atractiva*: tener atracción. En *El héroe*, el *primor* XII («Gracia de las gentes») gira en algunos aspectos sobre el mismo tema; y en el aforismo 40 (*Gracia de las gentes*) ya habla de la misma idea.

[602] *garabato*: el *Diccionario de autoridades*, en su segunda acepción, dice: «Se llama también un cierto aire, garbo, brío y gentileza, que suelen tener las mujeres, que, aunque no sean hermosas, les sirve de atractivo». En el DRAE también aparece con idéntico significado. Véase el aforismo 79.

[603] *caer en picadura*: caer en gracia.

[604] *la pía afición*: el amor; la bondad, la benevolencia. Véase el aforismo 112 (*Ganar la pía afición*).

[605] *de figura*: serio, afectado, solemne.

[606] *genial*: placentero, magnífico, estupendo.

la seriedad. Pero no se ha de estar siempre de excepción: el ser singular es condenar a los otros; menos, afectar melindres; déjense para su sexo: aun los espirituales son ridículos. Lo mejor de un hombre es parecerlo; que la mujer puede afectar con perfección lo varonil, y no al contrario.

276
Saber renovar el genio con la naturaleza y con el arte.
De siete en siete años dicen que se muda la condición[607]: sea para mejorar y realzar el gusto. A los primeros siete entra la razón; entre después, a cada lustro, una nueva perfección. Observe esta variedad natural para ayudarla y esperar también de los otros la mejoría. De aquí es que muchos mudaron de porte[608], o con el estado, o con el empleo; y a veces no se advierte, hasta que se ve, el exceso de la mudanza. A los veinte años será pavón[609]; a los treinta, león; a los cuarenta, camello; a los cincuenta, serpiente; a los sesenta, perro; a los setenta, mona; y a los ochenta, nada.

277
Hombre de ostentación[610].
Es el lucimiento de las prendas. Hay vez para cada una: lógrese, que no será cada día el de su triunfo. Hay sujetos bizarros en quienes lo poco luce mucho, y lo mucho, hasta admirar. Cuando la osten-

---

[607] Gonzalo Correas (pág. 99), en su *Vocabulario de refranes...* (1627), recoge: «Cada siete años se muda la condición, la costumbre y complexión».

[608] *porte*: (DRAE) «Modo de gobernarse y portarse en conducta y acciones».

[609] *pavón*: pavo real.

[610] Hombre de lucimiento. En *El discreto*, el *realce* XIII («Hombre de ostentación») lleva el mismo título y trata el mismo tema.

tativa se junta con la eminencia, pasa por prodigio. Hay naciones ostentosas, y la española lo es con superioridad. Fue la luz pronto lucimiento de todo lo criado. Llena mucho el ostentar, suple mucho y da un segundo ser a todo, y más cuando la realidad se afianza. El cielo, que da la perfección, previene la ostentación, que cualquiera a solas fuera violenta. Es menester arte en el ostentar: aun lo muy excelente depende de circunstancias y no tiene siempre vez. Salió mal la ostentativa cuando le faltó su sazón. Ningún realce pide ser menos afectado, y perece siempre de este desaire, porque está muy al canto de la vanidad, y esta del desprecio. Ha de ser muy templada por que[611] no dé en vulgar, y con los cuerdos está algo desacreditada su demasía. Consiste a veces más en una elocuencia muda, en un mostrar la perfección al descuido; que el sabio disimulo es el más plausible alarde, porque aquella misma privación pica en lo más vivo a la curiosidad. Gran destreza suya no descubrir toda la perfección de una vez, sino por brújula[612] irla pintando, y siempre adelantando; que un realce sea empeño de otro mayor, y el aplauso del primero, nueva expectación de los demás.

278
Huir la nota[613] en todo,
que, en siendo notados, serán defectos los mismos realces. Nace esto de singularidad, que siempre fue censurada; quédase solo el singular. Aun lo lindo, si sobresale, es descrédito; en haciendo

---

[611] Valor final: para que.

[612] *brujulear.* (DRAE) «tr. coloq. p. us. Descubrir por indicios y conjeturas algún suceso o negocio que se está tratando». Véase el aforismo 210.

[613] *nota:* (DRAE) «Reparo o censura desfavorable que se hace de las acciones y porte de alguien»; y «notados», censurados.

reparar, ofende, y mucho más singularidades desautorizadas. Pero en los mismos vicios quieren algunos ser conocidos, buscando novedad en la ruindad para conseguir tan infame fama. Hasta en lo entendido lo sobrado degenera en bachillería[614].

279
No decir al contradecir[615].
Es menester diferenciar cuándo procede de astucia o vulgaridad. No siempre es porfía, que tal vez es artificio. Atención, pues, a no empeñarse en la una ni despeñarse en la otra. No hay cuidado más logrado que en espías, y contra la ganzúa de los ánimos no hay mejor contratreta que el dejar por dentro la llave del recato.

280
Hombre de ley.
Está acabado el buen proceder, andan desmentidas las obligaciones, hay pocas correspondencias buenas: al mejor servicio, el peor galardón, a uso ya de todo el mundo. Hay naciones enteras proclives al maltrato: de unas se teme siempre la traición; de otras, la inconstancia; y de otras, el engaño. Sirva, pues, la mala correspondencia ajena, no para la imitación, sino para la cautela. Es el riesgo de desquiciar la entereza a vista del ruin proceder. Pero el varón de ley nunca se olvida de quién es por lo que los otros son.

---

[614] *bachillería*: (DRAE) «coloq. p. us. Locuacidad impertinente». Véase el aforismo 239 (*No ser reagudo*).

[615] No replicar al que nos rebate o contradice. Véase el aforismo 213 (*Saber contradecir*).

281

Gracia[616] de los entendidos.

Más se estima el tibio *sí* de un varón singular que todo un aplauso común, porque regüeldos de aristas[617] no alientan. Los sabios hablan con el entendimiento, y así su alabanza causa una inmortal satisfacción. Redujo el juicioso Antígono todo el teatro de su fama a solo Zenón, y llamaba Platón toda su escuela a Aristóteles. Atienden algunos a solo llenar el estómago, aunque sea de broza vulgar. Hasta los soberanos han menester a los que escriben y teman más sus plumas que las feas los pinceles.

282

Usar de la ausencia,

o para el respeto, o para la estimación. Si la presencia disminuye la fama, la ausencia la aumenta. El que ausente fue tenido por león, presente fue ridículo parto[618] de los montes. Deslústranse las prendas si se rozan, porque se ve antes la corteza del exterior que

---

[616] *Gracia*: aprobación.

[617] *aristas*: el *Diccionario de autoridades* dice: «La punta de la espiga delgada como una cerda, que también se llama raspa por su aspereza»; por ello, Romera-Navarro afirma que «regüeldos de aristas» viene a ser «regüeldos de villanos», porque los campesinos elaboraban su pan moreno con este tipo de espigas.

[618] Clara referencia a los versos del *Ars poetica* del poeta latino Horacio (65-8 a. de C.): *Parturiunt montes, nascetur ridiculus mus* («Se ponen de parto los montes y va a nacer —nacerá— un ridículo ratón »). Con posterioridad el tema ha sido tratado por el fabulista latino Fedro, que murió en el año 69 d. de C., en su fábula XXIV: «Un monte estaba de parto y lanzaba espantosos gemidos; la tierra aguardaba con una expectación inmensa. El monte al cabo, parió un ratón. Esto se escribe para ti que anuncias una obra formidable y no produces nada». También nos dio su versión el fabulista riojano Félix María Samaniego (1745-1801) en sus *Fábulas morales* (XVI).

la mucha sustancia del ánimo. Adelántase más la imaginación que la vista, y el engaño, que entra de ordinario por el oído[619], viene a salir por los ojos. El que se conserva en el centro de su opinión conserva la reputación; que aun la fénix[620] se vale del retiro para el decoro, y del deseo para el aprecio.

283
Hombre de inventiva a lo cuerdo.
Arguye exceso de ingenio, pero ¿cuál será sin el grano de demencia? La inventiva es de ingeniosos; la buena elección, de prudentes. Es también de gracia, y más rara, porque el elegir bien lo consiguieron muchos; el inventar bien, pocos, y los primeros en excelencia y en tiempo. Es lisonjera la novedad, y, si feliz, da dos realces a lo bueno. En los asuntos del juicio es peligrosa por lo paradojo[621], en los del ingenio, loable; y si acertadas, una y otra plausibles.

284
No sea entremetido
y no será desairado. Estímese, si quisiere que le estimen. Sea antes avaro que pródigo de sí. Llegue deseado, y será bien recibido. Nunca venga sino llamado, ni vaya sino enviado. El que se empeña por sí, si sale mal, se carga todo el odio sobre sí; y si sale bien, no consigue el agradecimiento. Es el entremetido terrero[622] de des-

---

[619] Gonzalo Correas (pág. 304), en su *Vocabulario de refranes...* (1627), recoge: «Más vale un testigo de vista que ciento de oídas».

[620] El ave fénix.

[621] *paradojo*: véase el aforismo 143 (*No dar en paradojo por huir de vulgar*).

[622] *terrero*: (DRAE) «Montón de broza o desechos sacados de una mina»; también, «Objeto o blanco que se pone para tirar a él» y «Montón que en la era se forma

precios y, por lo mismo que se introduce con desvergüenza, es tripulado[623] en confusión.

285

No perecer de desdicha ajena.

Conozca al que está en el lodo, y note que le reclamará para hacer consuelo del recíproco mal. Buscan quien les ayude a llevar la desdicha, y los que en la prosperidad le daban espaldas, ahora la mano. Es menester gran tiento con los que se ahogan para acudir al remedio sin peligro.

286

No dejarse obligar[624] del todo, ni de todos,

que sería ser esclavo y común. Nacieron unos más dichosos que otros: aquellos para hacer bien y estos para recibirle. Más preciosa es la libertad que la dádiva, porque se pierde. Guste más que dependan de él muchos que no depender él de uno. No tiene otra comodidad el mando sino el poder hacer más bien. Sobre todo, no tenga por favor la obligación en que se mete, y las más veces la diligenciará la astucia ajena para prevenirle.

---

con las barreduras del solar de la parva». Véase el aforismo 149 (*Saber declinar a otro los males*).

[623] *tripular.* (DRAE) «desus. Descartar, desechar».

[624] *obligar.* (DRAE) «Ganar la voluntad de alguien con beneficio u obsequios». Es decir: atención, cortesía para ganarse el ánimo, la voluntad de los demás. Véase el aforismo 226 (*Atención a obligar*).

287
Nunca obrar apasionado[625]:

todo lo errará. No obre por sí quien no está en sí, y la pasión siempre destierra la razón. Sustituya entonces un tercero prudente, que lo será, si desapasionado: siempre ven más los que miran que los que juegan, porque no se apasionan. En conociéndose alterado, toque a retirar la cordura, porque no acabe de encendérsele la sangre, que todo lo ejecutará sangriento, y en poco rato dará materia para muchos días de confusión suya y murmuración ajena.

288
Vivir a la ocasión[626].

El gobernar, el discurrir, todo ha de ser al caso. Querer cuando se puede, que la sazón y el tiempo a nadie aguardan. No vaya por generalidades en el vivir, si ya no fuere en favor de la virtud, ni intime[627] leyes precisas al querer, que habrá de beber mañana del agua[628] que desprecia hoy. Hay algunos tan paradojamente impertinentes que pretenden que todas las circunstancias del acierto se ajusten a su manía, y no al contrario. Mas el sabio sabe que el norte de la prudencia consiste en portarse a la ocasión.

---

[625] Véanse los aforismos 155 (*Arte en el apasionarse*) y 207 (*Usar del reporte*).

[626] Vivir adaptándose a las circunstancias, «todo ha de ser al caso».

[627] *intimar.* (DRAE) «Requerir, exigir el cumplimiento de algo, especialmente con autoridad o fuerza para obligar a hacerlo».

[628] Gonzalo Correas (págs. 331 y 344), en su *Vocabulario de refranes...* (1627), recoge: «Nadie diga de esta agua no beberé», «No diga nadie de esta agua no beberé»; coloquialmente, a veces, se añade: «...y este cura no es mi padre».

289

El mayor desdoro de un hombre

es dar muestras de que es hombre. Déjanle de tener por divino el día que le ven muy humano. La liviandad es el mayor contraste de la reputación. Así como el varón recatado es tenido por más que hombre, así el liviano[629] por menos que hombre. No hay vicio que más desautorice, porque la liviandad se opone frente a frente a la gravedad. Hombre liviano no puede ser de sustancia, y más si fuere anciano, donde la edad le obliga a la cordura. Y con ser este desdoro tan de muchos, no le quita el estar singularmente desautorizado.

290

Es felicidad[630] juntar el aprecio con el afecto:

no ser muy amado para conservar el respeto. Más atrevido es el amor que el odio; afición y veneración no se juntan bien; y aunque no ha de ser uno muy temido ni muy querido, el amor introduce la llaneza, y, al paso que esta entra, sale la estimación. Sea amado antes apreciativamente que afectivamente, que es amor muy de personas.

291

Saber hacer la tentativa.

Compita la atención del juicioso con la detención del recatado: gran juicio se requiere para medir el ajeno. Más importa conocer los genios y las propiedades de las personas que de las hierbas y

---

[629] *liviano*: (DRAE) «inconstante» (que muda con facilidad de pensamientos); «de moral relajada en lo que se refiere al sexo».

[630] Emilio Blanco (2023, pág. 255) precisa que «Romera-Navarro propone que en el ejemplar de la príncipe el aforismo decía "No es felicidad…"; y por las ideas que aparecen en este aforismo, es muy probable que su título sea *No es felicidad juntar el aprecio con el afecto*».

piedras. Acción es esta de las más sutiles de la vida: por el sonido se conocen los metales, y por el hablar las personas. Las palabras muestran la entereza, pero mucho más las obras. Aquí es menester el extravagante reparo, la observación profunda, la sutil nota[631] y la juiciosa crisi[632].

292
Venza el natural[633] las obligaciones del empleo, y no al contrario.
Por grande que sea el puesto, ha de mostrar que es mayor la persona. Un caudal con ensanches vase dilatando y ostentando más con los empleos. Fácilmente le cogerán el corazón al que le tiene estrecho, y al cabo viene a quebrar con obligación y reputación. Preciábase el grande Augusto de ser mayor hombre que príncipe. Aquí vale la alteza de ánimo, y aun aprovecha la confianza cuerda de sí.

293
De la madurez.
Resplandece en el exterior, pero más en las costumbres. La gravedad material hace precioso al oro, y la moral, a la persona: es el decoro de las prendas, causando veneración. La compostura del hombre es la fachata[634] del alma. No es necedad con poco meneo, como quiere la ligereza, sino una autoridad muy sosegada. Habla

---

[631] *nota:* (DRAE) «Reparo o censura desfavorable que se hace de las acciones y porte de alguien».

[632] *crisi:* Gracián la utiliza por «crítica».

[633] *el natural:* las cualidades o dotes personales. Las capacidades personales han de ser superiores a las responsabilidades del cargo.

[634] *fachata:* fachada. Claramente se trata de un italianismo. También aparece en el aforismo 48.

por sentencias, obra con aciertos. Supone un hombre muy hecho, porque tanto tiene de persona cuanto de madurez. En dejando de ser niño, comienza a ser grave y autorizado.

294

Moderarse en el sentir[635].

Cada uno hace concepto según su conveniencia, y abunda de razones en su aprehensión. Cede en los más el dictamen al afecto. Acontece el encontrarse dos contradictoriamente, y cada uno presume de su parte la razón; mas ella, fiel, nunca supo hacer dos caras. Proceda el sabio con refleja[636] en tan delicado punto; y así el recelo propio reformará la calificación del proceder ajeno. Póngase tal vez de la otra parte; examínele al contrario los motivos. Con esto, ni le condenará a él, ni se justificará a sí tan a lo desalumbrado.

295

No hazañero[637], sino hazañoso.

Hacen muy de los hacendados los que menos tienen para qué. Todo lo hacen misterio, con mayor frialdad: camaleones del aplauso, dando a todos hartazgos de risa. Siempre fue enfadosa la vanidad, aquí reída: andan mendigando hazañas las hormiguillas del honor. Afecte menos sus mayores eminencias. Conténtese con hacer y deje para otros el decir. De las hazañas, no las venda; ni se han

---

[635] *sentir:* (DRAE) «Juzgar, opinar, formar parecer o dictamen».

[636] *refleja:* Gracián emplea con frecuencia este término señalando «segundas intenciones». Véase el aforismo 13.

[637] *hazañería:* (DRAE) «Demostración o expresión afectada con que alguien da a entender que teme, se admira o siente entusiasmo, no teniendo motivo para ello». Sin embargo, «hazañoso» es sinónimo de «heroico, valeroso».

de alquilar plumas de oro para que escriban lodo, con asco de la cordura. Aspire antes a ser heroico que a solo parecerlo.

296
Varón de prendas, y majestuosas.
Las primeras hacen los primeros hombres. Equivale una sola a toda una mediana pluralidad. Gustaba aquel que todas sus cosas fuesen grandes, hasta las usuales alhajas[638]. ¡Cuánto mejor el varón grande debe procurar que las prendas de su ánimo lo sean! En Dios todo es infinito, todo inmenso; así en un héroe todo ha de ser grande y majestuoso, de suerte que todas sus acciones, y aun razones, vayan revestidas de una trascendente grandiosa majestad.

297
Obrar siempre como a vista[639].
Aquel es varón remirado[640] que mira que le miran o que le mirarán. Sabe que las paredes oyen[641] y que lo mal hecho revienta por salir. Aun cuando solo, obra como a vista de todo el mundo, porque

---

[638] *alhaja*: (DRAE) «Adorno o mueble precioso».

[639] *Obrar siempre como a vista*: es decir, actuar como si siempre nos estuviera observando alguien prudente. Sigue de cerca el pensamiento de Séneca (*Epístolas* XI, 8): *Aliquis vir bonus nobis diligendus est ac semper ante oculos habendos, ut sic tamquam illo spectante vivamus et omnia tamquam illo vidente faciamus* («El hombre bueno debe ser amado por nosotros y tenerlo siempre delante de nuestros ojos, para que vivamos como observándolo y actuemos todo como mirándolo»).

[640] *remirado*: (DRAE) «Dicho de una persona: que reflexiona escrupulosamente sobre sus acciones».

[641] Gonzalo Correas, en su *Vocabulario de refranes...* (1627), pág. 264, recoge dos variantes del refrán: «Las paredes han oídos y los montes ojos»; o «Las paredes tienen orejas y oídos». Ruiz de Alarcón (1572-1639) estrenó en 1617 su comedia *Las paredes oyen*.

sabe que todo se sabrá; ya mira como a testigos ahora a los que por la noticia lo serán después. No se recataba de que le podían registrar en su casa desde las ajenas el que deseaba que todo el mundo le viese.

298

Tres cosas hacen un prodigio,

y son el don máximo de la suma liberalidad: ingenio fecundo, juicio profundo y gusto relevantemente jocundo. Gran ventaja concebir bien, pero mayor, discurrir bien, entendimiento del bueno. El ingenio no ha de estar en el espinazo, que sería más ser laborioso que agudo. Pensar bien es el fruto de la racionalidad. A los veinte años reina la voluntad, a los treinta el ingenio, a los cuarenta[642] el juicio. Hay entendimientos que arrojan de sí luz, como los ojos del lince, y en la mayor oscuridad discurren más; haylos de ocasión, que siempre topan con lo más a propósito. Ofréceseles mucho y bien: felicísima fecundidad. Pero un buen gusto sazona toda la vida.

299

Dejar con hambre.

Hase de dejar en los labios aun con el néctar. Es el deseo medida de la estimación; hasta la material sed es treta de buen gusto picarla, pero no acabarla. Lo bueno, si poco, dos veces bueno. Es grande la baja de la segunda vez: hartazgos de agrado son peligrosos, que ocasionan desprecio a la más eterna eminencia. Única regla de

---

[642] En torno a lo propio de las distintas edades, Gonzalo Correas (pág. 179), en su *Vocabulario de refranes...* (1627), recoge varios refranes: «El que de treinta no sabe y de cuarenta no tiene, no lo aguarde, si no es que herede», «El que de treinta no sabe y de cuarenta no tiene qué comer, no hagáis caso de él» y «El que de veinte no puede, y de treinta no sabe, y de cuarenta no tiene, ni podrá, ni sabrá, ni tendrá».

agradar: coger el apetito picado con el hambre con que quedó. Si se ha de irritar, sea antes por impaciencia del deseo que por enfado de la fruición: gústase al doble de la felicidad penada.

300

En una palabra, santo[643],

que es decirlo todo de una vez. Es la virtud cadena de todas las perfecciones, centro de las felicidades. Ella hace un sujeto prudente, atento, sagaz, cuerdo, sabio, valeroso, reportado, entero, feliz, plausible, verdadero y universal héroe. Tres eses hacen dichoso: santo, sano y sabio. La virtud es el sol del mundo menor[644], y tiene por hemisferio la buena conciencia; es tan hermosa, que se lleva la gracia de Dios y de las gentes. No hay cosa amable sino la virtud, ni aborrecible sino el vicio. La virtud es cosa de veras, todo lo demás, de burlas. La capacidad y grandeza se ha de medir por la virtud, no por la fortuna. Ella sola se basta a sí misma. Vivo el hombre, le hace amable; y muerto, memorable.

---

[643] *santo:* virtuoso; (DRAE) «Dicho de una persona: de especial virtud y ejemplo. U. t. c. s».

[644] *del mundo menor:* del mundo del hombre. Gracián a veces se refiere al «mundo mayor» (el cosmos) y al mundo menor (el del hombre); en *El discreto,* en el realce I, escribe: «Es el hombre aquel célebre microcosmos y el alma su firmamento»; y unas líneas más adelante, «Lo que es el Sol en el mundo mayor es en el mundo menor el ingenio».

Bibliografía

BATLLORI, M. y PERALTA, C.: *Baltasar Gracián en su vida y en sus obras*, Zaragoza, Institución Fernando el Católico, 1969.

CHECA, Jorge: «*Oráculo manual*, Gracián y el ejercicio de la lectura», *Hispanic Review*, LIX (1991), págs. 263-280.

CORREA CALDERÓN, Evaristo: *Baltasar Gracián. Su vida y su obra*, Gredos, Madrid, 1970.

CORREAS, Gonzalo: *Vocabulario de refranes y frases proverbiales y otras fórmulas comunes de la lengua castellana* (1627), Madrid, Castalia, 2000.

COVARRUBIAS, Sebastián de: *Tesoro de la lengua castellana o española* (1611), Madrid, Castalia, 1995.

Diccionario de Autoridades, ed. facsímil, Madrid, Gredos, 1990.

EGIDO, Aurora: *Las caras de la prudencia y Baltasar Gracián*, Madrid, Castalia, 2000.

—, *Oráculo manual y arte de prudencia*, ed. facsímil (Huesca, Juan Nogués, 1647), pról. de A. Egido, Zaragoza, Gobierno de Aragón-Institución Fernando el Católico, 2001.

GRACIÁN, Baltasar: *El Héroe y Oráculo manual y arte de prudencia*, ed. Abraham Madroñal y Antonio Bernat, Madrid, Castalia, 2003.

—, *El Héroe y El Político*, pról. y notas de Agustín Izquierdo, Madrid, EDAF, 2009.

—, *El Discreto y Oráculo manual y arte de prudencia*, ed. J. Ignacio Díez Fernández, Barcelona, Penguin Clásicos, 2016.

—, *Oráculo manual y arte de prudencia*, ed. e introducción de Emilio Blanco, Madrid, Cátedra, 2023 (17.ª edición).

JIMÉNEZ MORENO, L.: «De Gracián a Schopenhauer (Rasgos no racionalistas en pensadores españoles y extranjeros)», *en Actas del II Seminario de Historia de la Filosofía Española, I, Salamanca*, Universidad de Salamanca, 1982, págs. 81-103.

—, «Presencia de B. Gracián en filósofos alemanes: Schopenhauer y Nietzsche», en *Baltasar Gracián. Selección de estudios*, págs. 125-138.

ROMERA-NAVARRO, Miguel: Estudio preliminar a la edición crítica del *Oráculo manual y arte de prudencia*, Madrid, CSIC, 1954.

Otros títulos
de la colección

- Planilandia. E.A. Abbott.

- El sometimiento de las mujeres. John Stuart Mill.

- Meditaciones. Marco Aurelio.

- Sobre la felicidad. Sobre la brevedad de la vida. Séneca.

- 1984. George Orwell.

- Rebelión en la granja. George Orwell.

- Sobre la amistad, la vida y la muerte. Séneca.

- Manual de estoicismo. Epicteto.

- Sobre la libertad. John Stuart Mill.